ehrerfassung

Klick! 1

Geschichte

Arbeitsheft

Erarbeitet von
Christine Fink
Dr. Oliver Fink
Wolfgang Humann
und Silke Weise

Cornelsen

Inhaltsverzeichnis

Was ist Geschichte? 4–15

Geschichte in der Familie entdecken 6

Zeit und Geschichte verstehen 8

Werkstatt: Einen Geschichtsfries herstellen 10

Geschichtsquellen entdecken 12

Das kann ich! 14

Überleben in der Vorgeschichte 16–29

Die Entwicklung des Menschen 18

Die Altsteinzeit 20

Werkstatt: Höhlenbilder malen 22

Die Jungsteinzeit 24

Die Metallzeit 26

Das kann ich! 28

Altes Ägypten 30–41

Ägypten – Land am Nil 32

Der Pharao herrscht über alle 34

Werkstatt: Mit Hieroglyphen schreiben 36

Die Religion der Ägypter 38

Das kann ich! 40

Das alte Griechenland 42–53

Die Olympischen Spiele 42
Die Polis – griechische Stadtstaaten 44
Die „Erfindung“ der Demokratie 46
Methode: Ein Balkendiagramm zeichnen 48
Die Götter der Griechen 50
Das kann ich! 52

Das Römische Weltreich 54–65

Die Gründung der Stadt Rom – eine Sage 56
Die Entstehung der Stadt Rom 57
Methode: Eine Geschichtskarte lesen 58
Ein Weltreich mit Grenzen 60
Auf den Spuren der Römer 62
Das kann ich! 64

Lexikon 66–72

Geschichtsquellen entdecken

**Markus möchte mehr über Geschichte wissen.
Er geht ins Museum. Dort arbeitet Herr Meier.
Markus befragt ihn.**

Herr Meier, woher wissen wir eigentlich, wie die Menschen früher gelebt haben?

Das erzähle ich dir gerne.

Woher wissen wir, was früher war?

Herr Meier erzählt:
„Alles, was wir von der Vergangenheit wissen, erfahren wir aus geschichtlichen Quellen.

Das kann zum Beispiel eine Münze sein. Manchmal finden wir alte römische Münzen. Dann wissen wir, dass römische Soldaten hier waren. Es kann auch sein, dass römische Kaufleute dort Handel getrieben haben. So eine Quelle nennen wir Sachquelle.

Ein altes Bild ist für uns eine Bildquelle. Auf diesem Bild sehen wir, wie römische Kämpfer gekleidet und bewaffnet waren. Wir erkennen auch, wie sie gegeneinander gekämpft haben.

Dann gibt es Schriftquellen. Auch in früheren Zeiten haben Menschen etwas über das damalige Leben aufgeschrieben. Es können alte Bücher oder Briefe sein. Sie berichten uns etwas über das Leben zu dieser Zeit.

Wir können auch ältere Menschen nach der Vergangenheit befragen. Sie erzählen uns, was sie selbst erlebt haben. Solche Menschen nennen wir Zeitzeugen."

Sachquelle

Bildquelle

Schriftquelle

Zeitzeuge

Was ist Geschichte?

Jeder von uns hat seine eigene Geschichte.
Jeder Tag, der vergangen ist, gehört dazu.

um 1946

1950

1962

1966

1972

2005

1 Erzählt zu jedem Foto.
- Wie alt ist hier die Person?
- Was ist noch auf dem Foto zu sehen?

2 Ordne den Bildern die passenden Wörter zu.

um 1946: das Kleinkind
1950: die Schülerin
1962: die junge Frau
1966: die Hochzeit
1972: die Mutter
2005: die Oma

das Kleinkind
die Schülerin
die junge Frau
die Hochzeit
die Mutter
die Oma

Diese Fotos zeigen eine andere Geschichte.

1995

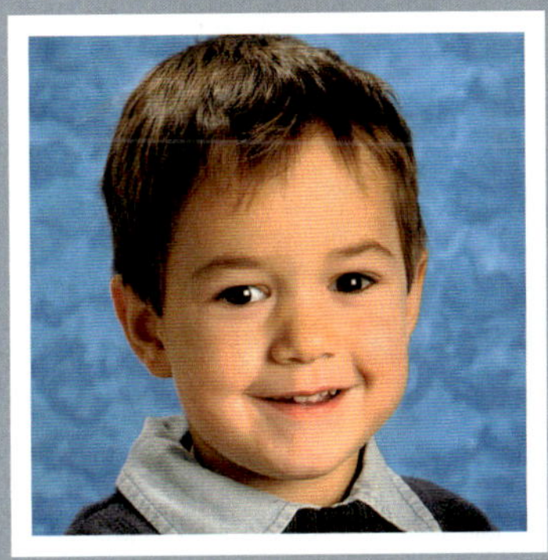

1998

2002

3 Erzählt zu jedem Foto.
- Wie alt ist hier das Kind?
- Was ist sonst noch auf dem Foto zu sehen?

Wenn du Fotos zeitlich ordnest, kannst du damit deine Lebensgeschichte darstellen.

4 Suche zu Hause Fotos von dir und von deiner Familie.
Frage deine Eltern, ob du die Bilder in die Schule mitnehmen darfst.

5 Du kannst in der Schule deine Bilder kopieren lassen.
Mit den kopierten Bildern kannst du deine eigene Lebensgeschichte gestalten.

Geschichte in der Familie entdecken

Jeder von uns hat eine Familiengeschichte

Das ist Joana mit ihrer Familie. Sie ist 11 Jahre alt und geht wie ihr in die 5. Klasse. Auch Joana und ihre Familie haben eine Geschichte. Rechts steht ihr Bruder Jaron. Er ist 9 Jahre alt. Ihre Schwester Lenja ist auf Omas Arm. Lenja ist 6 Jahre alt. Der Vater von Joana ist 37 Jahre alt. Ihre Mutter ist 35 Jahre alt. Dann könnt ihr noch die Großeltern von Joana erkennen. Ihr Opa ist 73 Jahre alt. Ihre Oma ist 65 Jahre alt.

Dies ist ein sehr altes Foto. Auf dem Bild seht ihr den Urgroßvater von Joana. Er ist vor ein paar Jahren gestorben. Wenn er noch leben würde, wäre er 96 Jahre alt.

Zeitleiste

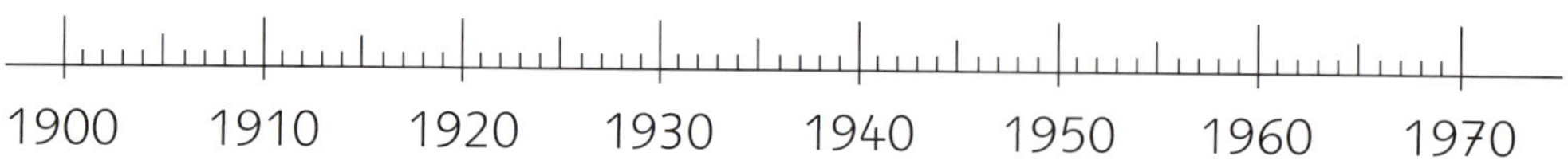

Geschichte in der Familie entdecken

1 Rechnet aus, wann Joana und die Mitglieder ihrer Familie geboren wurden:

Joana: 1996

Ihr Bruder Jaron: 1998

Ihre Schwester Lenja: 2001

Ihre Mutter: 1972

Ihr Vater: 1970

Ihre Oma: 1942

Ihr Opa: 1934

Ihr Urgroßvater: 1911

2 Frage zu Hause nach, wann eure Familienmitglieder geboren wurden.

Mein Geburtsjahr: ____________________

Meine Geschwister (Name und Geburtsjahr):

____

Meine Mutter: ____________________ Mein Vater: ____________________

Meine Oma: ____________________ Mein Opa: ____________________

3 Suche die Geburtsjahre deiner Familienmitglieder in der Zeitleiste.

a) Markiere sie mit einem Strich nach unten.
b) Schreibe die Namen dazu.

Zeitleiste

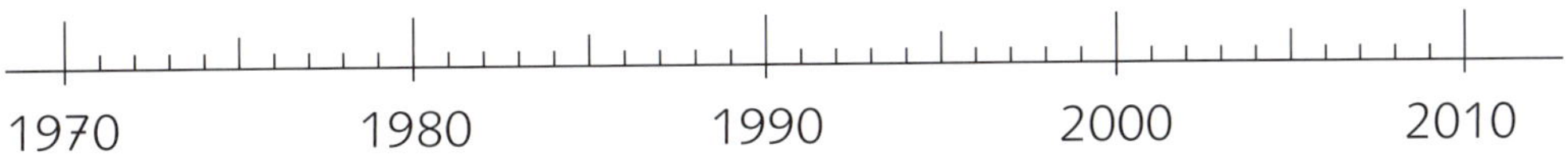

Zeit und Geschichte verstehen

**Jeder von uns hat schon einmal etwas von Geschichte gehört.
In dem Fach Geschichte beschäftigen wir uns mit der Vergangenheit.
Was war früher?**

1 Seht euch die Bilder genau an.

Urzeit

Vorgeschichte

Frühgeschichte

Altertum

Mittelalter

Neuzeit

2 Was seht ihr auf den Bildern?
- Was war früher?
- Was gibt es erst in der Neuzeit?

Zeit und Geschichte verstehen

**Was wir über die Vergangenheit wissen, können wir ordnen.
Wir ordnen das, was früher war, nach Zeitalter.**

Die Zeitalter

Vor langer Zeit lebten auf der Erde die Dinosaurier. Diese Zeit nennen wir Urzeit. Viel später entstanden die ersten Menschen. Diese Zeit heißt Vorgeschichte. In der Frühgeschichte wurden die Pyramiden in Ägypten gebaut. Die Zeit der Griechen und Römer nennen wir Altertum. Noch später lebten die Ritter. Das war das Mittelalter. Unsere heutige Zeit hat auch einen Namen. Es ist die Neuzeit.

3 Ergänze die Sätze.
Die Bilder auf der Seite 8 helfen dir dabei.

In der Urzeit lebten die Dinosaurier.

In der Vorgeschichte entstanden die ersten Menschen.

In der Frühgeschichte wurden die Pyramiden in Ägypten gebaut.

Das Altertum war die Zeit der Griechen und Römer.

In dem Mittelalter lebten die Ritter.

In der Neuzeit lebt der heutige Mensch.

→ der heutige Mensch
die Ritter
die Dinosaurier
Griechen und Römer
die Pyramiden
die ersten Menschen

4 Schreibe die Namen der Zeitalter auf.

Urzeit, Vorgeschichte, Frühgeschichte, Altertum,
Mittelalter, Neuzeit

Einen Geschichtsfries herstellen

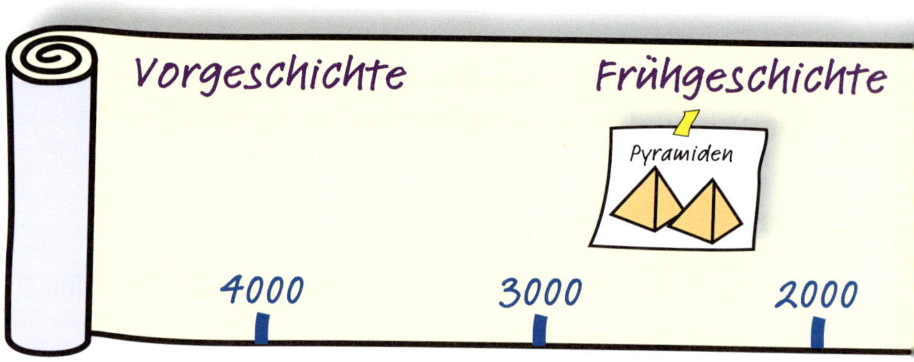

Ein Geschichtsfries besteht aus einer Zeitleiste und Bildern.
Auf einem Geschichtsfries könnt ihr viel sehen.

1 Seht euch die Abbildung an. Beantwortet die Fragen.
- Wann wurden die Pyramiden gebaut?
- Wann gab es Ritter?

2 Seht euch die Zeitleiste genau an.
- Was steht links vor der Null?
- Was steht rechts nach der Null?

Die Jahreszahlen auf der Zeitleiste sind so geordnet:
Von links nach rechts sinken die Zahlen bis zu der 0.
Ab der 0 wachsen die Zahlen wieder.
Warum ist das so?

3 Wende die Schritte 1 und 4 vom Textknacker an.

→ Textknacker Umschlagklappe

Unsere Zeitrechnung

Der Festpunkt, von dem aus gezählt wird, ist die Geburt von Jesus Christus. Die Jahre davor nennen wir „vor Christi Geburt“. Die Jahre danach nennen wir „nach Christi Geburt“. So rechnen die Christen in Europa. Andere Kulturen haben andere Festpunkte.

4 a) Was habt ihr über unsere Zeitrechnung erfahren?
b) Kennt ihr vielleicht auch andere Zeitrechnungen?

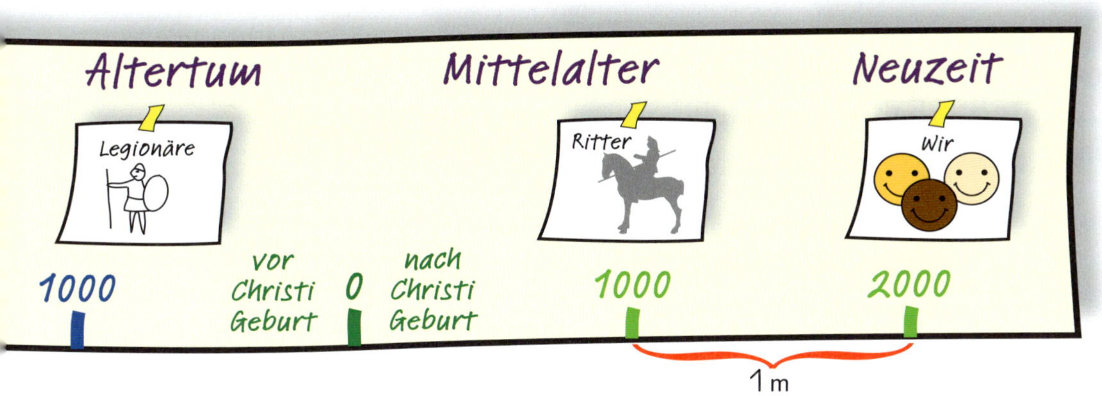

Einen Geschichtsfries könnt ihr auch für eure Klasse herstellen.

Ihr braucht:

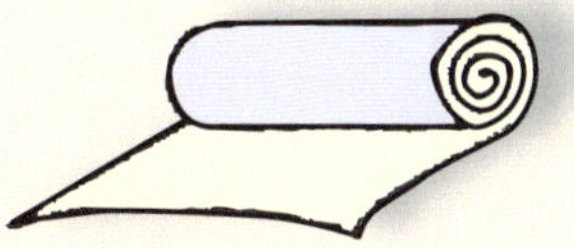
eine Tapetenrolle

einen dicken Filzstift

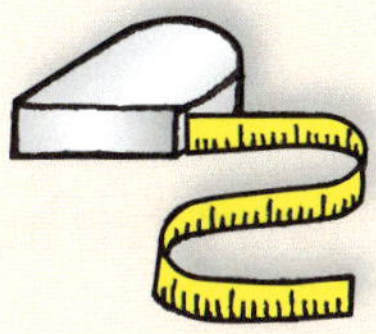
ein Maßband

So könnt ihr eine Zeitleiste herstellen.

- Rollt die Tapetenrolle auf dem Boden aus.
  Messt 8 Meter ab. Schneidet hier die Tapete ab.
- Messt von der rechten Seite 1 Meter ab. Macht hier einen Strich.
  Messt weiter 1 Meter ab und macht einen Strich.
  Geht weiter so vor, bis ihr die ganze Tapete eingeteilt habt.
- Schreibt nun die Jahreszahlen über die Striche.
  Beginnt bei dem ersten Strich rechts.
  2000, 1000 und 0; nach der 0: 1000, 2000, 3000, 4000

So könnt ihr euren Geschichtsfries gestalten.

- Schreibt über die Zeitleiste vor die 0: „vor Christi Geburt“.
  Schreibt nach der 0: „nach Christi Geburt“.
- Tragt die Zeitalter in der richtigen Reihenfolge ein.
- Sucht Bilder in Zeitschriften oder im Internet zu den Zeitaltern oder malt Bilder dazu. Schneidet die Bilder aus.
- Ordnet eure Bilder zu den passenden Zeitaltern.
  Klebt die Bilder auf.

→ Vorgeschichte
Frühgeschichte
Altertum
Mittelalter
Neuzeit

Den Geschichtsfries könnt ihr im Klassenzimmer aufhängen.
Zu neuen Themen könnt ihr den Fries mit neuen Bildern ergänzen.

Geschichtsquellen entdecken

1 Wie erfahren wir etwas über die Vergangenheit?

2 Sieh dir die Bilder an. Was erkennst du?

3 Schreibe die passenden Wörter unter die Bilder.

→ Sachquelle
Bildquelle
Zeitzeuge
Schriftquelle

Sachquelle

Zeitzeuge

Bildquelle

Schriftquelle

4 Sucht zu Hause weitere Beispiele für geschichtliche Quellen.
Das können alte Fotos, alte Bücher oder Briefe sein.
Fragt eure Eltern, ob ihr diese Sachen in die Schule mitnehmen könnt.

5 Vor langer Zeit waren eure Großeltern so alt wie ihr heute.
Befragt sie über diese Zeit.

a) Welche Fragen könnt ihr stellen?
b) Was habt ihr erfahren? Erzählt davon in der Klasse.

→ Wie war deine Schule?
Was hast du gerne gespielt? …

Das kann ich!

1 Ergänze die Sätze mit den passenden Wörtern.

Jeder Mensch hat seine eigene Geschichte.

Und jede Familie hat ihre Familiengeschichte.

Wie es früher war, erfahren wir aus

verschiedenen Quellen.

Alte Briefe nennen wir Schriftquellen.

Gegenstände, die uns etwas über die Vergangenheit erzählen,

heißen Sachquellen.

Ritter und Burgen gab es im Mittelalter.

Unsere Zeit nennen wir die Neuzeit.

→ Familiengeschichte
Sachquellen
Neuzeit
Mittelalter
Geschichte
Quellen
Schriftquellen

2 Sieh dir die Bilder an.
Schreibe das passende Zeitalter zu dem Bild.

→ Mittelalter
Urzeit
Frühgeschichte
Vorgeschichte

Vorgeschichte

Frühgeschichte

Urzeit

Mittelalter

3 Kreuze an: richtig oder falsch?

	richtig	falsch
Dinosaurier lebten lange Zeit vor den Menschen.	☒	☐
Kein Mensch hat jemals einen lebenden Dinosaurier gesehen.	☒	☐
Seitdem es die Erde gibt, gibt es auch Menschen.	☐	☒
Pyramiden stammen aus dem Mittelalter.	☐	☒
Jede Familie hat auch ihre Familiengeschichte.	☒	☐
Burgen und Ritter gab es in der Vorgeschichte.	☐	☒
Eine alte Zeichnung ist eine Bildquelle.	☒	☐
Das Altertum kam vor der Frühgeschichte.	☐	☒
Das Mittelalter kam nach dem Altertum.	☒	☐
Die Menschen entstanden erst, als es die Erde schon sehr lange gab.	☒	☐

4 Was interessiert dich am meisten an Geschichte? Schreibe auf.

Überleben in der Vorgeschichte

1 Seht euch das Bild genau an.

2 Wer könnte das sein?
Wie ist der Mann gekleidet? Welche Sachen hat er bei sich?

3 Lies die Sätze.
Ergänze die Sätze mit den passenden Wörtern.

Der Kopf ist mit einer Mütze bedeckt.

Um die Schultern trägt er einen Umhang.

Seine Lederschuhe sind mit Heu ausgestopft.

Er trägt Waffen.

In der linken Hand hat er einen Bogen.

Auf dem Rücken trägt er einen Köcher mit Pfeilen.

In seiner rechten Hand hält er ein Beil aus Kupfer.

Am Gürtel ist ein Messer aus Feuerstein.

Vielleicht jagt er Tiere.

Oder er verteidigt sich gegen Feinde.

→ Heu
verteidigt
jagt
Bogen
Köcher mit Pfeilen
Beil aus Kupfer
Messer aus Feuerstein
~~Mütze~~
Umhang

Der Mann aus dem Eis

Das ist „Ötzi".
Er war etwa 40 Jahre alt.
„Ötzi" lebte vor 5300 Jahren.
Bergwanderer fanden seine Leiche 1991 im Eis.
Sie lag im Ötztal in den Alpen. Deshalb nennen wir ihn „Ötzi".
Seine Kleidung schützte ihn gut vor Kälte.
In seinem Rücken steckte eine Pfeilspitze.
Vielleicht ist „Ötzi" an dieser Verletzung gestorben.

4 Erzählt, wie ihr euch das Leben von „Ötzi" vorstellt.

Die Entwicklung des Menschen

Der folgende Text erzählt, wie der Mensch sich entwickelt hat.

1 Wende die Schritte [1] und [4] vom Textknacker an.

→ Textknacker Umschlagklappe

[1] Bilder helfen mir, den Text besser zu verstehen.

Ich sehe mir die Bilder an.
Was sagen die Bilder über den Text?

[4] Die Schlüsselwörter im Text sind besonders wichtig. Sie sind hervorgehoben.

Ich lese die Schlüsselwörter.
Was weiß ich jetzt?

Der Mensch in der Vorgeschichte

Vor langer Zeit entstanden die ersten Menschen. Wir nennen sie Urmenschen. Sie waren uns schon ähnlich. Aber sie sahen doch noch anders aus als wir. Die Urmenschen waren am ganzen Körper behaart. Sie sahen so ähnlich aus wie Affen, aber sie benutzten schon einfache Werkzeuge und Waffen. Langsam lernte der Mensch, aufrecht zu gehen. Und er konnte mit dem Feuer umgehen. Die Urmenschen konnten sprechen. Es verging noch sehr viel Zeit. Die Urmenschen entwickelten sich. Sie benutzten jetzt weiterentwickelte Waffen und Werkzeuge. Erst viel später sahen die Menschen so aus wie wir heute.

Die Entwicklung des Menschen

2 Ordne jedem Bild einen Satz zu.
Schreibe ihn unter das Bild.

- Menschen gehen aufrecht.
- Menschen können mit Feuer umgehen.
- Menschen haben ein großes Gehirn und können sprechen.
- Menschen bauen Werkzeuge.

Menschen können mit Feuer umgehen.

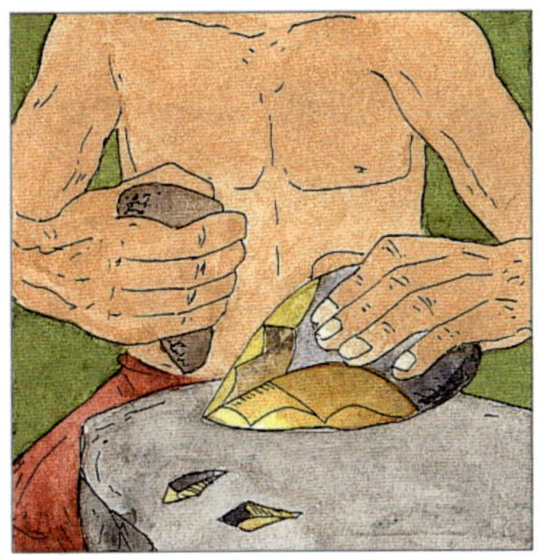

Menschen bauen Werkzeuge.

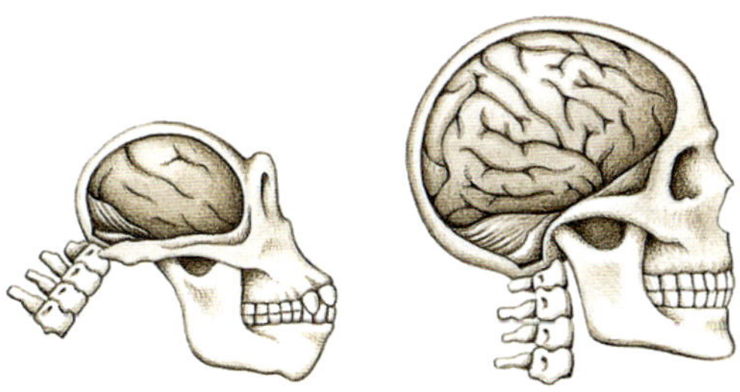

Menschen haben ein großes Gehirn und können sprechen.

Menschen gehen aufrecht.

Die Altsteinzeit

1 Beschreibt die Bilder.

Jäger und Sammlerinnen

→ Textknacker Umschlagklappe

Die Menschen in der Altsteinzeit lebten von der Jagd und vom Sammeln. Werkzeuge und Waffen waren meist aus Stein. Die Männer waren Jäger. Sie jagten Mammuts, Rentiere, Hasen und andere Tiere. Die Frauen waren Sammlerinnen. Sie sammelten Früchte, Pilze, Wurzeln und Schnecken. Die Menschen wohnten in Zelten aus Tierfellen oder in Höhleneingängen. Wenn sie keine Tiere mehr zum Jagen fanden und es zu wenig zu sammeln gab, zogen sie weiter. Man nennt solche umherziehenden Menschen Nomaden.

2 Erkläre, wie die Menschen wohnten.

Die Menschen wohnten in Zelten aus Tierfellen oder in Höhleneingängen.

3 Erkläre, wie sich die Menschen Nahrung verschafften.

Die Männer jagten Mammuts, Rentiere, Hasen und andere Tiere. Die Frauen sammelten Früchte, Pilze, Wurzeln und Schnecken.

4 Nenne zwei Berufe aus der Altsteinzeit.

Jäger | Sammlerin

5 Schreibe die Wörter aus der rechten Spalte in die Lücken.

So nutzten die Menschen die gejagten Tiere

Die Urmenschen nutzten alles von den gejagten Tieren.

Das Fleisch war für sie Nahrung. Aus den Fellen stellten sie Kleidung und Zelte her.

Die Knochen und das Geweih verarbeiteten sie zu Waffen und Werkzeugen.

Die Därme und Sehnen verwendeten sie als Schnüre, Garn und Bogensehnen.

Kleine Knochen und Frischgräten benutzten sie als Nadeln.

→ Nadeln
Waffen und Werkzeugen
Kleidung und Zelte
Nahrung
Schnüre, Garn und Bogensehnen

Höhlenbilder malen

Die Höhlenbilder

Die Steinzeitmenschen haben in Höhlen Bilder an die Wände gemalt. Auf den Bildern waren oft Tiere dargestellt. Diese Tiere jagten sie. Die Menschen glaubten, dass die Bilder ihnen Glück bei der Jagd bringen.

Hier malen die Schüler selbst ein Höhlenbild.

Höhlenbilder malen

Solche Höhlenbilder könnt ihr auch selbst malen.

Ihr braucht dazu:

- Tapetenkleister
- ein Stück Holz zum Umrühren
- einen Eimer
- etwas Erde
- Zeitungspapier
- große Pappbögen
- Naturfarben zum Selbstanrühren oder Wasserfarben
- Pinsel oder Stöckchen

So geht ihr vor:

1. Rührt den Tapetenkleister in dem Eimer an.
2. Vermischt die Erde mit dem Kleister.
3. Zerreißt das Zeitungspapier in kleine Stücke.
4. Vermischt das Zeitungspapier mit dem Kleister.
5. Klebt es auf die Pappe.

→ Jetzt habt ihr eine Felswand. Bemalt sie grau oder braun.

Nun könnt ihr darauf euer Bild malen.
Ihr könnt die Höhlenbilder abmalen.
Vielleicht habt ihr auch eigene Ideen.

Die Jungsteinzeit

Im folgenden Text kannst du viel über die Jungsteinzeit erfahren.

1 Wende die Schritte 1 und 4 vom Textknacker an.

→ Textknacker Umschlagklappe

1 Bilder helfen mir, den Text besser zu verstehen.

Ich sehe mir die Bilder an.

4 Die Schlüsselwörter im Text sind besonders wichtig. Sie sind hervorgehoben.

Ich lese die Schlüsselwörter.
Was weiß ich jetzt?

Ackerbauern und Viehzüchter

Um 7000 vor Christus begann die Jungsteinzeit. Die Menschen bauten Häuser. In den Häusern lebten sie viele Jahre.

Die Menschen züchteten Tiere. Wir nennen sie Viehzüchter. Sie konnten die Tiere melken oder schlachten.

Die Menschen waren auch Ackerbauern. Sie bauten Früchte und Getreide an. Dazu benutzten sie Geräte. Tiere halfen ihnen bei der Arbeit. Die Menschen zogen nicht mehr umher. Sie wurden sesshaft.

Die Jungsteinzeit

2 Erkläre, wie die Menschen wohnten.

Die Menschen wohnten in Häusern.
Sie waren sesshaft.

3 Erkläre, wie sich die Menschen Nahrung verschafften.

Die Menschen züchteten Tiere. Sie konnten sie melken
oder schlachten. Die Menschen bauten Früchte und
Getreide an.

4 Nenne zwei Berufe aus der Jungsteinzeit:

Ackerbauer | Viehzüchter

5 Die Menschen hatten neue Ideen, um sich die Arbeit zu erleichtern. Sie erfanden Geräte. Ordne die Wörter den Bildern zu.

→ Pflug
Grabstock
Menschen ziehen einen Pflug.
Ochsen ziehen einen Pflug.

1. Grabstock

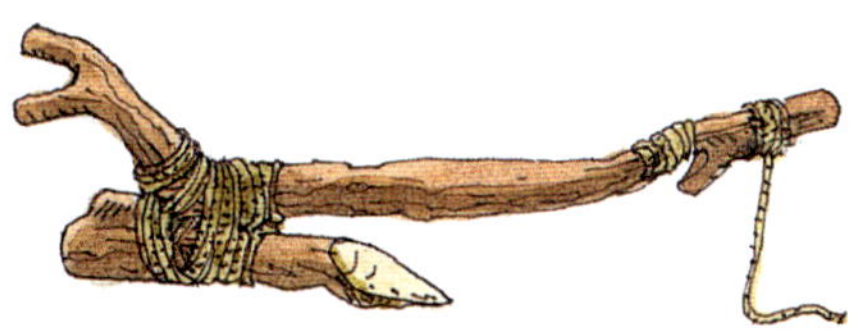

2. Pflug

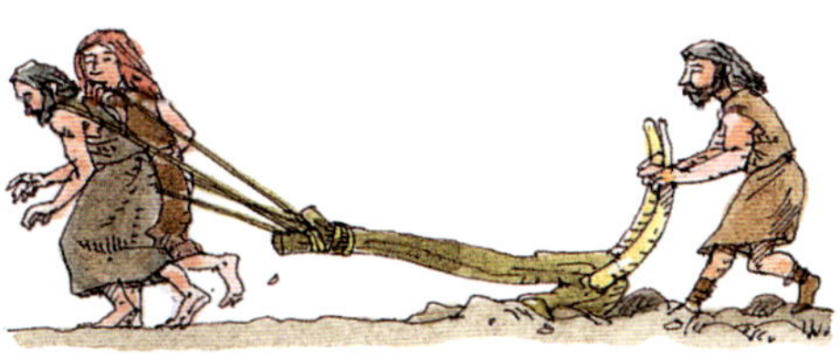

3. Menschen ziehen einen Pflug.

4. Ochsen ziehen einen Pflug.

Die Metallzeit

Die Menschen entdeckten das Metall.
Hier kannst du mehr über die Nutzung von Metall erfahren.

1 Wende die Schritte 2 und 4 vom Textknacker an.

→ Textknacker Umschlagklappe

2 Die Überschrift sagt mir etwas über den Text.

Ich lese die Überschrift.
Was könnte in dem Text stehen?

4 Die Schlüsselwörter im Text sind besonders wichtig. Sie sind hervorgehoben.

Ich lese die Schlüsselwörter.
Was weiß ich jetzt über die Nutzung von Metall?

Die Menschen nutzen Metall

Vor etwa 6000 Jahren stellten die Menschen Metall her. Metalle sind besser zu verarbeiten als Stein. Aus Metall kann man feinere Gegenstände herstellen.

Man gewinnt Metall aus Erz. Bergmänner holten das Erz aus der Erde. Schmiede schmolzen das Erz und bearbeiteten das Metall zu Waffen, Werkzeugen oder Schmuck. Händler kauften und verkauften die Waren.

Das Metall Kupfer ist weich. Es verformt sich schnell. Wenn man Kupfer mit Zinn mischt, entsteht Bronze. Bronze ist ein härteres Metall. Später stellte man ein noch härteres Metall her: das Eisen. Deshalb spricht man auch von der Bronzezeit und von der Eisenzeit.

Kupfer und Zinn ergibt Bronze.

Die Metallzeit

Die Nutzung von Metall veränderte das Leben der Menschen.

2 Was konnte man alles aus Metall herstellen?
Nenne Beispiele.

→ Becher, Waffen, Ringe, Schmuck, Werkzeuge

3 Welche neuen Berufe gab es in der Metallzeit? Schreibe auf.

Bergmann

Schmied

Händler

4 Wie gewinnt und verarbeitet man Metall?
Lies im Text auf Seite 26 nach.
Ergänze die Sätze mit den passenden Wörtern.

→ Waffen
Erz
schmolzen
Werkzeugen
Schmuck
aus der Erde

Metall gewinnt man aus Erz.

Bergmänner holten das Erz aus der Erde.

Schmiede schmolzen das Erz und bearbeiteten das Metall zu Waffen, Werkzeugen oder Schmuck.

5 Ergänze den Merksatz.

! Kupfer und Zinn **ergibt** Bronze.

→ Bronze
Zinn

1 Ergänze die Sätze mit passenden Wörtern.

→ festen Häusern
Jäger und Sammlerinnen
Nomaden
Ackerbauern und Viehzüchter
Zelten
Höhleneingängen
sesshaft

Die Altsteinzeit

Die Menschen waren Jäger und Sammlerinnen ______.

Sie lebten in Zelten ______

oder in Höhleneingängen ______.

Sie zogen umher und waren Nomaden ______.

Die Jungsteinzeit

Die Menschen waren Ackerbauern und Viehzüchter ______

______.

Sie lebten in festen Häusern ______.

Sie waren sesshaft ______.

2 Kreuze an: richtig oder falsch?

	richtig	falsch
Vor langer Zeit lebten die Menschen so wie heute.	☐	☒
In der Altsteinzeit gab es schon feste Häuser.	☐	☒
Menschen, die umherziehen, nennt man Nomaden.	☒	☐
In der Jungsteinzeit blieben die Menschen lange Zeit an einem Ort.	☒	☐
In der Altsteinzeit gab es schon Ackerbauern und Viehzüchter.	☐	☒
Bronze besteht aus Kupfer und Zinn.	☒	☐
Die Menschen in der Jungsteinzeit waren Ackerbauern und Viehzüchter.	☒	☐

3 Was hat dich am Thema Vorgeschichte interessiert?
Schreibe auf.

Altes Ägypten

1 Seht euch die Bilder genau an.

2 Was seht ihr auf den Bildern?
Welche Tätigkeiten könnt ihr erkennen?

3 Was wisst ihr schon über das alte Ägypten?
Erzählt.

Pyramiden und Mumien

Die Ägypter glaubten an ein Leben nach dem Tod. Die Pyramiden waren die Gräber der Pharaonen. Nach ihrem Tod haben Priester die Körper der Toten mumifiziert. Die Priester umwickelten den toten Körper mit Leinentüchern. Dann legten sie die Mumie in einen Sarg.

4 a) Woran glaubten die Ägypter?
b) Was ist eine Mumie?

5 Hier kannst du ein Rätsel lösen.
Findest du die passenden Wörter und Zahlen?

Ein Rekord aus der Frühgeschichte

Die größte und bekannteste Pyramide in Ägypten ist die Cheops-Pyramide. [M]

Sie ist über 4500 Jahre alt. [U]

Sie ist 146 Meter hoch. [M]

Die Seiten der Pyramide sind 230 Meter lang.

Viele Arbeiter und Sklaven arbeiteten 20 Jahre lang am Bau der Pyramide. [I]

Zu manchen Zeiten halfen 20 000 Menschen beim Bau. [E]

→ 4500 Jahre (U)
20 Jahre (I)
146 Meter (M)
Cheops-Pyramide (M)
20 000 (E)

6 Trage die großen Buchstaben in die Kästchen ein.
Wie heißt das Lösungswort?

Mumie

Ägypten – Land am Nil

1 Seht euch die Karte genau an. Was bedeuten die Farben?

Der Nil – die Quelle des Lebens

Im Nordosten von Afrika liegt Ägypten. Durch Ägypten fließt der Nil. Das ist der längste Fluss der Welt. Er ist über 6600 km lang. Rechts und links vom Nil ist Wüste. Dort ist alles trocken und sandig.

Aber ganz nah am Nil gibt es viele Pflanzen, weil es hier Wasser gibt. Vor ungefähr 7000 Jahren haben sich Menschen hier niedergelassen. Das Wasser des Nils ließ Getreide wachsen. Die Menschen konnten das Getreide ernten.

Jedes Jahr überschwemmte der Nil das Land. Eine dunkle Schlammschicht bedeckte den Boden. Danach wuchs das Getreide wieder. Die Felder waren grün. Manchmal waren die Überschwemmungen zu stark. In anderen Jahren regnete es wenig und der Nil brachte zu wenig Wasser. Die Ernte ging verloren.

Die Menschen bauten Dämme und Kanäle. So konnten sie die Felder bewässern und noch mehr Getreide anbauen. Sie legten Vorräte an.

2 Erzählt, wie die Menschen am Nil lebten.

3 Warum war der Nil wichtig für die Menschen? Begründe.

Ägypten – Land am Nil

4 Sieh dir das Bild an.
Schreibe in die freien Felder die passenden Zahlen:

Kanäle = 1, Nil = 2, bewässerte Felder = 3, Wüste = 4, Dorf = 5

Die Ägypter kannten ein Gedicht über den Nil.

5 Lies das Gedicht.

Drei Monate ist Ägypten eine weiße Perle,

Alles ist trocken und sandig.

drei eine schwarze Haut,

Eine dunkle Schlammschicht bedeckt den Boden.

drei Monate ein grüner Smaragd (= Edelstein)

Jetzt wachsen die Pflanzen und alles wird grün.

und weitere drei ein rotes Gold.

Das Getreide ist reif.

6 Schreibe die passenden Sätze unter die Zeilen des Gedichts.
- Jetzt wachsen die Pflanzen und alles wird grün.
- Eine dunkle Schlammschicht bedeckt den Boden.
- Alles ist trocken und sandig.
- Das Getreide ist reif.

Der Pharao herrscht über alle

Der Text gibt euch mehr Informationen über das Leben der Menschen im alten Ägypten.

1 Wende die Schritte [2] und [4] vom Textknacker an.

→ Textknacker Umschlagklappe

[2] Die Überschrift sagt mir etwas über den Text.

Ich lese die Überschrift.
Was könnte in dem Text stehen?

[4] Die Schlüsselwörter im Text sind besonders wichtig. Sie sind hervorgehoben.

Ich lese die Schlüsselwörter.
Was weiß ich jetzt über die Menschen im alten Ägypten?

Menschen im alten Ägypten

Der Pharao war König und gleichzeitig Gott. Er allein beherrschte Ägypten. Die Menschen mussten tun, was er befahl.

Sein oberster Beamter war der Wesir. Er berichtete dem Pharao über das Land. Der Pharao gab dem Wesir Befehle. Der Wesir gab die Befehle weiter an die Schreiber.

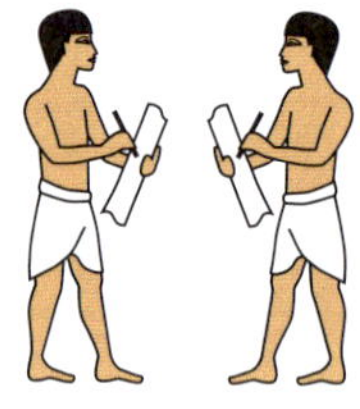

Die Schreiber berichteten dem Wesir über das Land. Sie gaben die Befehle weiter an die Handwerker, Arbeiter und Bauern.

Die Handwerker, Arbeiter und Bauern mussten die Befehle ausführen. Die Handwerker bearbeiteten Steine. Die Arbeiter halfen beim Pyramidenbau. Die Bauern ernteten das Getreide.

Die Sklaven mussten die besonders schweren Arbeiten beim Pyramidenbau ausführen. Sie zogen oder trugen die schweren Steine.

Der Pharao herrscht über alle

2 Sprecht darüber, wie ihr euch das Leben der Menschen in Ägypten vorstellt.

- Wer hatte viel Macht?
- Wer hatte wenig oder keine Macht?
- Wer musste Befehle ausführen?
- Wer hatte es besonders schwer?

So regierte der Pharao.

3 Trage in die freien Felder die passenden Wörter ein.

→ Sklaven
Pharao
Handwerker
Bauern
Wesir
Schreiber
Arbeiter

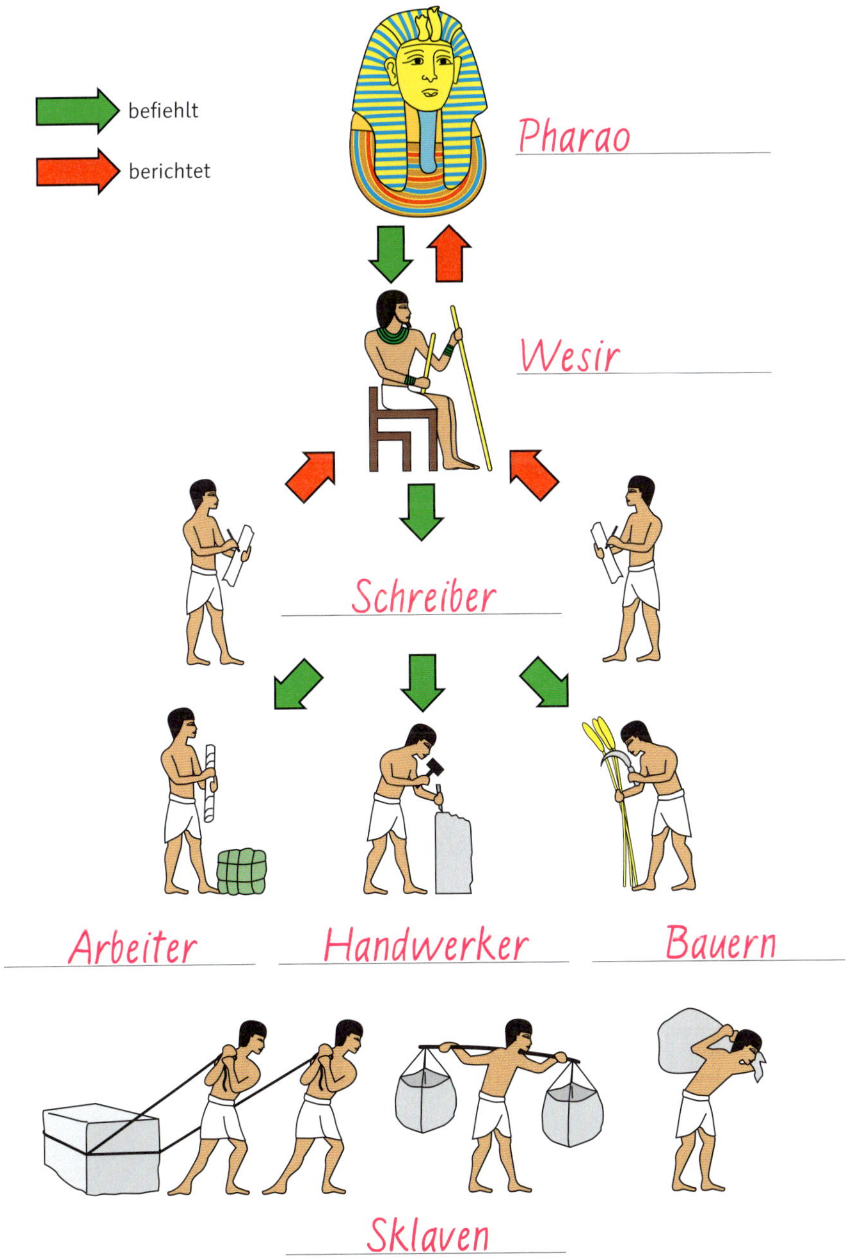

Mit Hieroglyphen schreiben

Hieroglyphen – die Schrift der Ägypter

Vor über 5000 Jahren erfanden die Ägypter ihre Schrift. Sie wird Hieroglyphenschrift genannt. Es gab über 800 Schriftzeichen. Das Schriftzeichen  bedeutete „N". Es konnte aber auch für das ganze Wort „Wasser" stehen.

1 Zeichnet die Schriftzeichen der Hieroglyphenschrift ab.

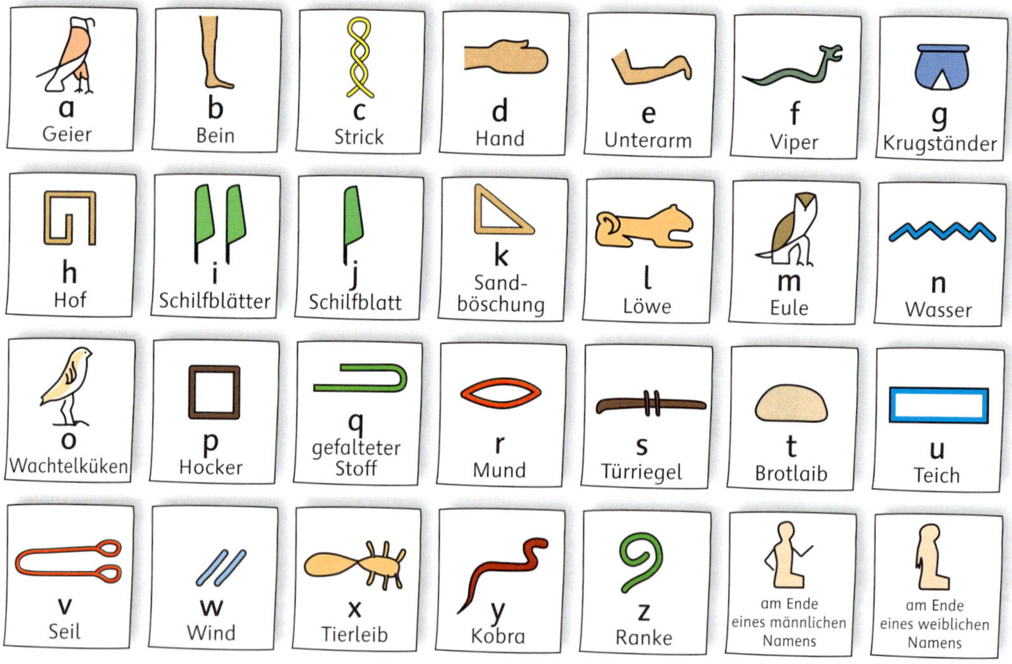

Hier seht ihr, wie man die Hieroglyphenschrift liest:

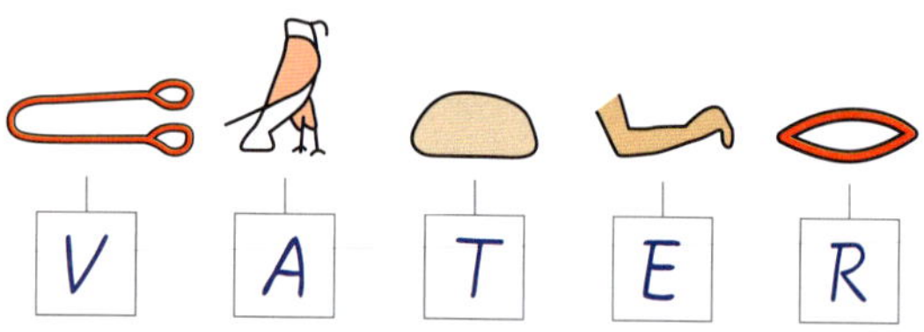

→ Vater

2 Lest nun selbst und füllt die Kästen aus.

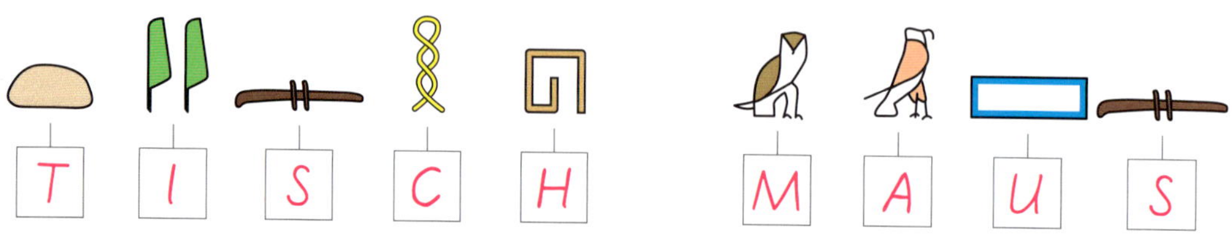

→ Tisch

→ Maus

3 Schreibt nun selbst Wörter in Hieroglyphenschrift auf ein großes Blatt. Probiert aus, ob die anderen es lesen können.

4 Mit diesem Experiment könnt ihr herausfinden, warum die Schrift für die Ägypter so wichtig war.

So geht ihr vor:

1. Verteilt die Karten. Wer eine Karte erhält, übernimmt die Rolle. Die Bauern sind eine Gruppe von 3 oder 4 Schülern.

2. Schickt den Wesir, den Schreiber und die Bauern heraus. Nur der Pharao bleibt im Klassenraum. Er liest diesen Text vor:

In 10 Tagen kommen 80 Bauern aus dem Dorf Amu zu den Pyramiden nach Gizeh. Sie arbeiten dort drei Monate bis zum Beginn der Ernte. Ich, der Pharao, sorge dafür, dass sie Getreide und Bier bekommen. Jeder Bauer bringt einen Spaten, zwei Hacken und drei Tonkrüge mit.

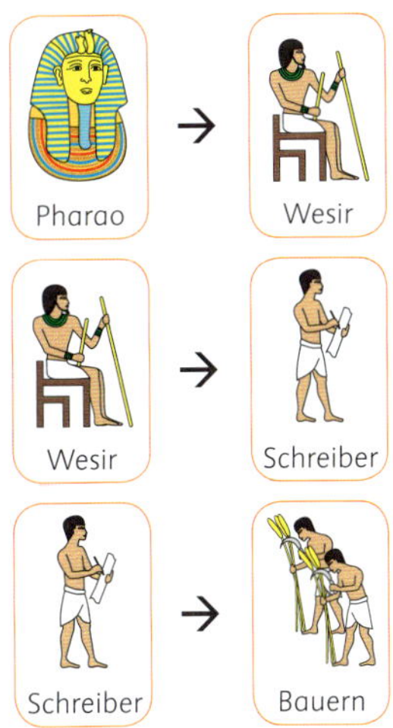

3. Holt den Wesir herein. Der Pharao liest den Text noch einmal vor. Der Wesir darf sich nichts aufschreiben.
4. Holt den Schreiber in den Klassenraum. Der Wesir erzählt dem Schreiber, was er vom Pharao gehört hat. Auch er darf nichts aufschreiben.
5. Holt nun die Gruppe der Bauern herein. Der Schreiber erzählt den Bauern, was sie tun sollen. Auch sie dürfen sich nichts aufschreiben.
6. Die Bauern erzählen der Klasse, was sie für den Pharao tun sollen.

5 Warum war die Schrift für die Ägypter wichtig? Begründe.

Die Religion der Ägypter

Die Ägypter glaubten an ein Leben nach dem Tod.
Sie hatten viele verschiedene Götter.

1 Wende den Schritt **4** vom Textknacker an.

→ Textknacker Umschlagklappe

4 **Die Schlüsselwörter im Text sind besonders wichtig. Sie sind hervorgehoben.**

Ich lese die Schlüsselwörter.
Was weiß ich jetzt über die Götter im alten Ägypten?

Die Götter im alten Ägypten

Osiris ist der Herrscher des Lebens nach dem Tod. Er hält in einer Hand einen Krummstab. In der anderen Hand hält er eine Geißel. Auf dem Kopf trägt er eine Krone. Diese drei Gegenstände zeigen seine Macht.

Isis ist die Frau von Osiris. Sie ist das Vorbild aller Mütter und beschützt alle Kinder. Auf ihrem Kopf sieht man einen kleinen Thron.

Horus ist der Sohn von Isis und Osiris. Auch er trägt eine Krone. Er hat den Kopf eines Falken.

Amun-Re ist der Sonnengott. Er gilt als der Schöpfer der Welt. Auf seinem Kopf sehen wir eine rote Sonne.

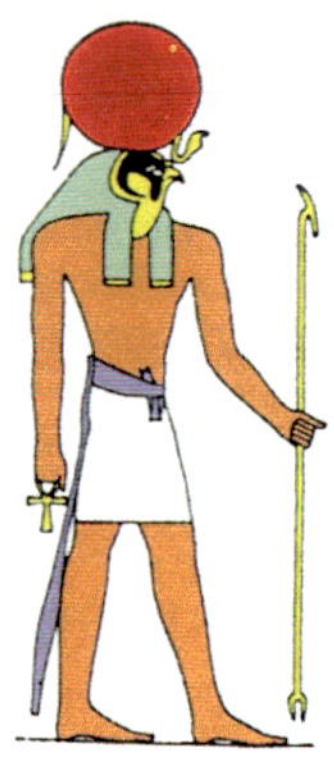

2 a) Schreibe zu jedem Bild den Namen des Gottes oder der Göttin.
b) Ordne passende Wörter zu den Namen.

das Vorbild aller Mütter, der Herrscher des Lebens, der Sonnengott, der Gott mit dem Falkenkopf

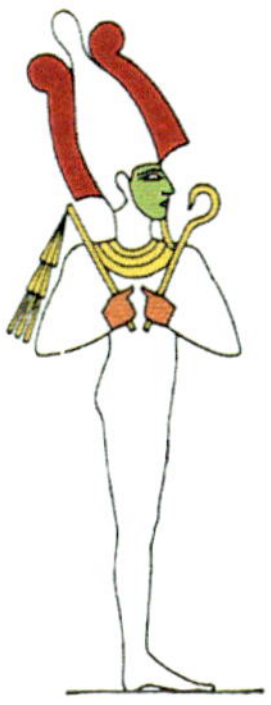

Osiris,
der Herrscher
des Lebens

Isis,
das Vorbild
aller Mütter

Horus,
hat den Kopf
eines Falken

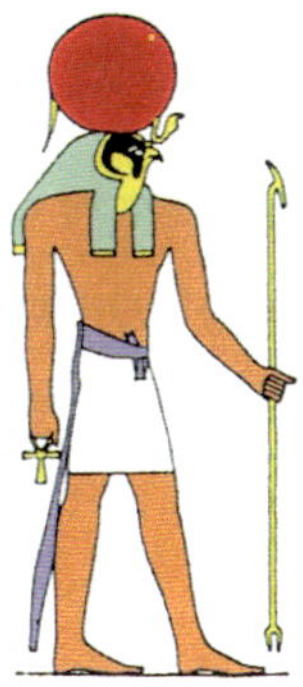

Amun-Re,
der Sonnengott

Hier siehst du ein Bild aus einem ägyptischen Grab.

3 Erkennst du die Götter wieder?
Trage die passenden Nummern ein.

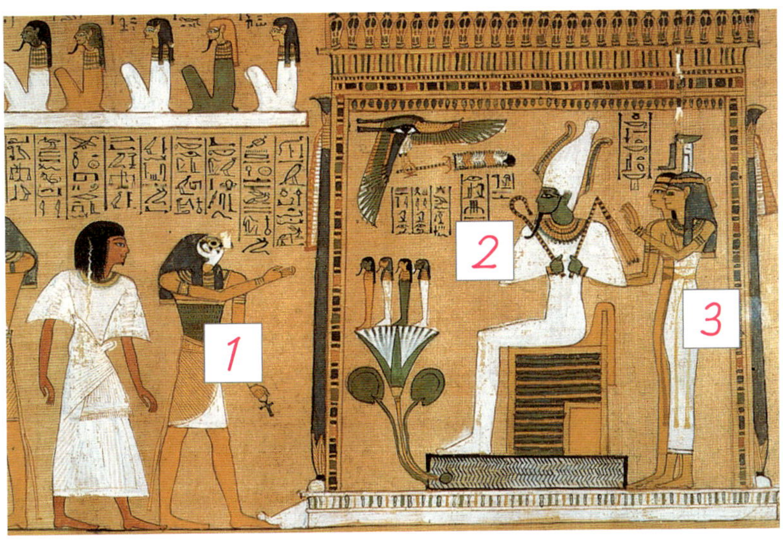

1: Horus
2: Osiris
3: Isis

Das kann ich!

1 Erinnere dich an das ägyptische Gedicht über den Nil. Ordne zu.

Drei Monate eine weiße Perle,	Ernte
drei eine schwarze Haut,	Trockenheit
drei Monate ein grüner Smaragd,	Schlammschicht
und weitere drei ein rotes Gold.	Pflanzen wachsen

2 Beantworte die Fragen.

a) Wann haben sich Menschen am Nil niedergelassen?

(vor 7000 Jahren / vor 200 Jahren) → vor 7000 Jahren

b) Was bauten die Ägypter, um ihre Felder besser bewässern zu können?

(Kanus / Kanäle) → Kanäle

c) Wie hoch ist die berühmte Cheops-Pyramide?

(146 Meter / 146 Kilometer) → 146 Meter

d) Wie lange dauerte es, die Cheops-Pyramide zu bauen?

(200 Jahre / 20 Jahre) → 20 Jahre

e) Wie viele Menschen haben dort gearbeitet?

(20 000 / 2 000 000) → 20 000

f) Wie nennt man die Schrift der Ägypter?

(Hydranten / Hieroglyphen) → Hieroglyphen

g) Wer gab die Befehle des Pharaos an die Schreiber weiter?

(Fakir / Wesir) → Wesir

3 Löse das Kreuzworträtsel.
Die Wörter rechts helfen dir dabei.
Die umrandeten Felder zeigen das Lösungswort.

→ Nil
Wesir
Handwerker
Mumie
Pharao
Osiris
Beamter
Hieroglyphen

Schriftzeichen der Ägypter

König und gleichzeitig Gott

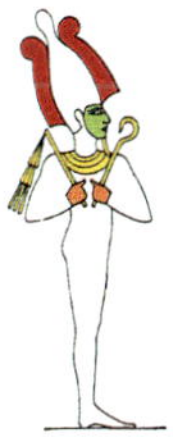

Herrscher des Lebens nach dem Tod

Schreiber

von Leinentüchern umwickelter Tote

die Quelle des Lebens

							P	H	A	R	A	O	
H	I	E	R	O	G	L	Y	P	H	E	N		
				O	S	I	R	I	S				
					B	E	A	M	T	E	R		
							M	U	M	I	E		
						N	I	L					
				H	A	N	D	W	E	R	K	E	R
						W	E	S	I	R			

Auch sie halfen beim Pyramidenbau.

oberster Beamter

4 Was hat dir am Thema **Altes Ägypten** gefallen?
Schreibe zwei oder drei Sätze.

Das alte Griechenland

1 Seht euch die Bilder genau an.

2 Was entdeckt ihr auf den Bildern?

3 Was wisst ihr schon über die Olympischen Spiele? Erzählt.

Die Olympischen Spiele

Olympische Spiele fanden zum ersten Mal vor über 2500 Jahren in Griechenland statt. Zu den griechischen Städten wurden Boten geschickt. Sie luden die Menschen zu den Olympischen Spielen ein. Aus allen Städten kamen Athleten*. Während der Olympischen Spiele herrschte Frieden. Die Olympischen Spiele fanden alle 4 Jahre statt und dauerten 5 Tage. Die Sieger bei den Wettkämpfen bekamen einen Kranz aus Ölbaumzweigen.

*Athlet = Sportler

4 Sieh dir die Bilder an.
Ergänze die Sätze mit passenden Wörtern.

Die Fäuste der *Boxer* waren mit Lederriemen umwickelt.

Beim *Weitspringen* trugen die Sportler Hanteln.

Beim *Wettlauf* sollten die Sportler über 200 Meter laufen.

Beim *Wagenrennen* zogen vier Pferde einen Wagen.

Die Sieger waren sehr stolz auf ihren *Kranz aus Ölbaumzweigen* __________.

- Boxer
- Kranz aus Ölbaumzweigen
- Wagenrennen
- Weitspringen
- Wettlauf

5 Nenne 4 alte olympische Sportarten.

6 Welche olympischen Sportarten gibt es heute?
Erzählt.

Die Polis – griechische Stadtstaaten

Leben im Stadtstaat

Textknacker Umschlagklappe

In Griechenland gab es viele Stadtstaaten. Ihr erkennt sie auf der Karte. Es sind die roten Punkte. Man nennt sie Polis. Sie lagen weit voneinander entfernt. Straßen von einer Stadt zur anderen Stadt gab es nicht. Jede Polis hatte deshalb eine eigene Regierung. Zu jeder Stadt gehörte auch das Land, das sie umgab. Auf dem Land arbeiteten Bauern. Es gab verschiedene Handwerker und Händler. Außerdem lebten viele Griechen vom Fischfang. Jede Polis sorgte also für sich selbst. Trotzdem fühlten sich die Griechen miteinander verbunden. Alle sprachen dieselbe Sprache und glaubten an dieselben Götter.

1 Was habt ihr über die Polis erfahren?

2 Sieh dir die Karte genau an.
Nenne 5 Stadtstaaten.

Die Arbeit von Bauern und Handwerkern ist oft auf alten griechischen Vasen abgebildet.

3 Sieh dir die Vasenbilder genau an.

4 Welche Tätigkeiten erkennst du?
Schreibe die Wörter aus der Wortliste in die Textlücken.

Ein Töpfer stellt Gefäße aus Ton her.

Schmiede bearbeiten Metall.

Bauern schlagen mit Stöcken Oliven von einem Olivenbaum.

Ein Bauer pflügt seinen Acker.

Ein Weber und eine Weberin weben Stoff.

Ein Fischer und eine Fischerin fangen Fische.

- Bauern
- Schmiede
- Weber
- Weberin
- Töpfer
- Bauer
- Fischer
- Fischerin

Die „Erfindung" der Demokratie

1 Beschreibt das Bild.
Was machen die Menschen?

Demokratie im alten Griechenland

→ Textknacker Umschlagklappe

Die Demokratie entstand in der Stadt Athen vor über 2500 Jahren. Lange Zeit regierte in Athen nur der Adel. Das waren wenige, sehr reiche Familien. Sie bestimmten über alles, was in der Stadt geschah. Sie machten auch die Gesetze.

Die meisten Athener waren damit nicht zufrieden. Sie überlegten, wie man das besser machen könnte. So kamen sie zu Volksversammlungen zusammen. Dort berieten sie über neue Gesetze oder über Krieg und Frieden.

Nach den Beratungen wurde abgestimmt. Wenn zum Beispiel mehr als die Hälfte für ein neues Gesetz war, wurde dieses Gesetz angenommen. So konnten die Bürger von Athen bestimmen, was in der Stadt geschah.

Das griechische Wort „**Demos**" bedeutet: **Volk.**
Demokratie heißt Volksherrschaft.

Die „Erfindung" der Demokratie

2 Was machen die Schüler auf dem Bild?
Ergänze die Sätze mit passenden Wörtern.

Demokratie in der Schule: Klassensprecherwahl

Zu Beginn eines neuen Schuljahres wählt jede Klasse

einen Klassensprecher

oder eine Klassensprecherin.

Zuerst machen Schüler aus der Klasse Vorschläge.

Dann wird abgestimmt. Jeder hat eine Stimme.

Jeder schreibt den Namen eines vorgeschlagenen Schülers

auf einen Zettel. Dann zählen wir die Stimmen.

Der Schüler oder die Schülerin mit den meisten Stimmen

wird Klassensprecher oder Klassensprecherin.

→ Stimme
Vorschläge
Klassensprecherin
Klassensprecher
Stimmen
abgestimmt

3 Schlage das Wort Demokratie im Lexikon nach.

→ Lexikon S. 66–72

Ein Balkendiagramm zeichnen

Auf dem Schaubild seht ihr die Bevölkerung von Athen um 400 v. Chr. Nicht alle Menschen durften an den Abstimmungen teilnehmen.

1 Seht euch das Schaubild an.
Beantwortet die Fragen.

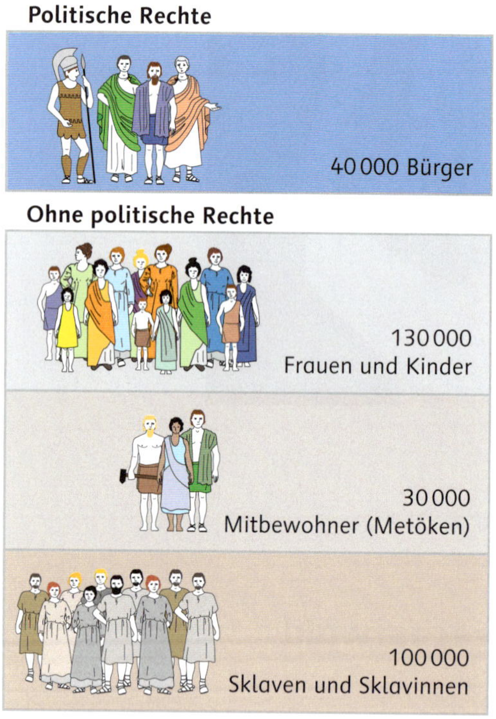

Wer durfte mitbestimmen?

40 000 Bürger

Wer durfte nicht mitbestimmen?

130 000 Frauen und Kinder

30 000 Mitbewohner

100 000 Sklaven und Sklavinnen

260 000

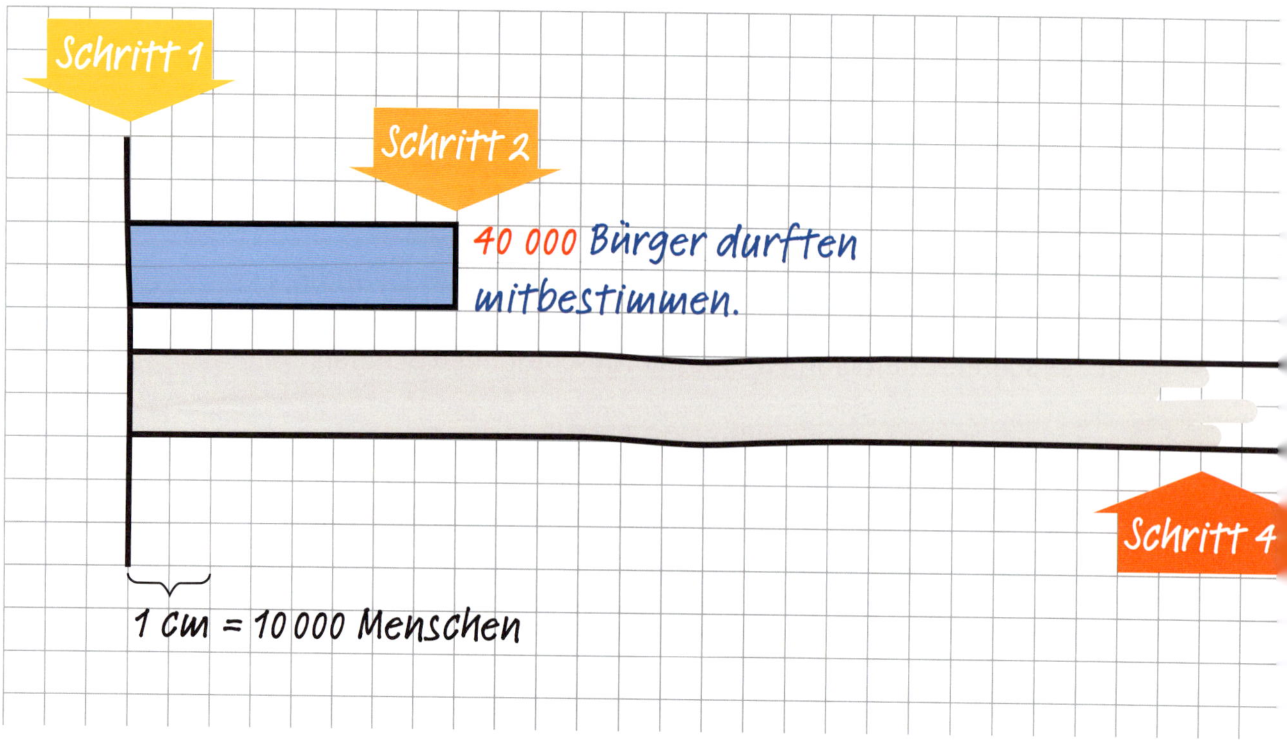

Ein Balkendiagramm zeichnen

40 000 Bürger durften mitbestimmen.
260 000 Frauen und Kinder, Mitbewohner und Sklaven durften nicht mitbestimmen.
Diese großen Zahlen können wir uns nur schwer vorstellen.
Mit einem Balkendiagramm können wir diese Zahlen besser verstehen.
Ihr braucht: ein Blatt mit Kästchen, ein Lineal und Stifte.

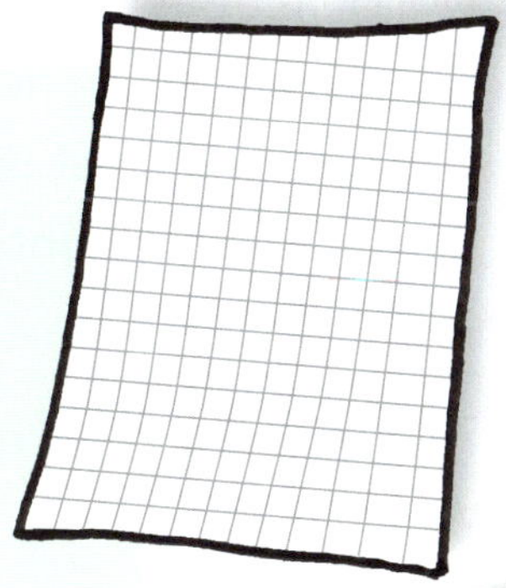

Schritt 1:
Zeichnet links auf dem Blatt einen senkrechten Strich.

Schritt 2:
Zeichnet zuerst den Balken für die 40 000 Bürger.
Für 10 000 Bürger rechnen wir 1 cm (= 2 Kästchen).
Der Balken wird also 4 cm (= 8 Kästchen) lang.

Schritt 3:
Zeichnet jetzt den Balken für die 260 000 Menschen.
Für 10 000 Menschen rechnen wir wieder 1 cm.
Der Balken wird also 26 cm lang.

Schritt 4:
Malt die Balken mit zwei verschiedenen Farben aus.

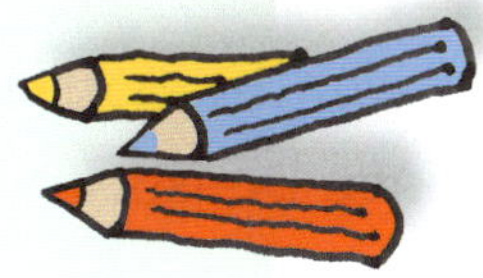

Schritt 5:
Beschriftet die Balken.

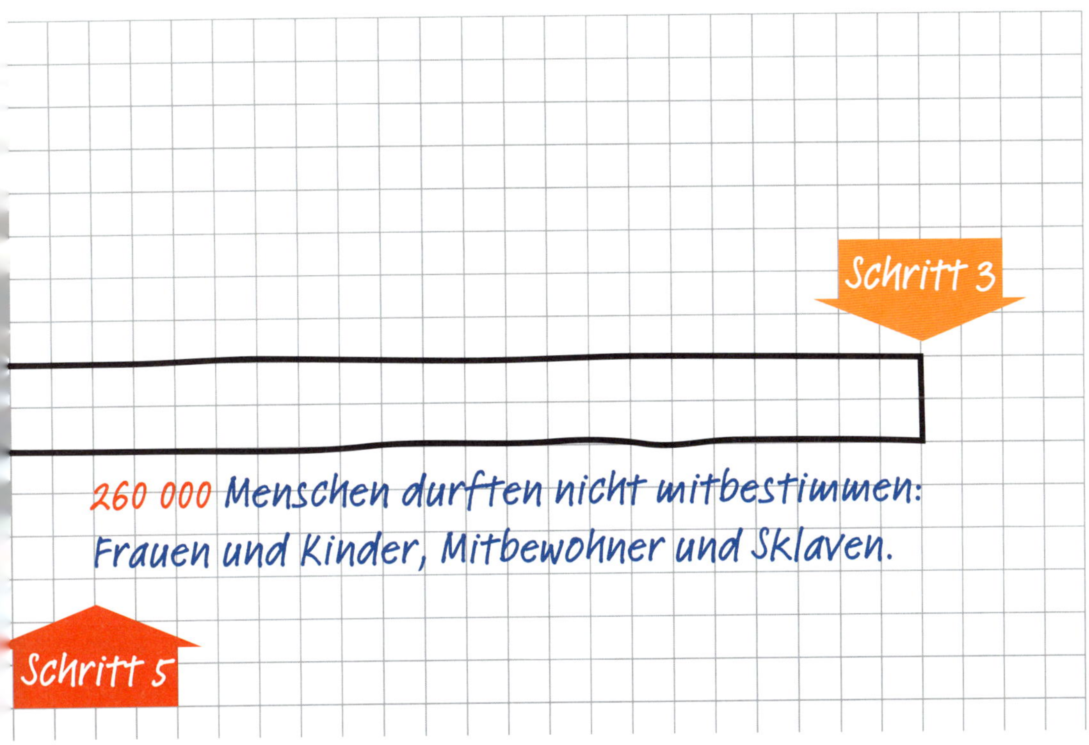

Die Götter der Griechen

Die Griechen stellten sich ihre Götter wie Menschen vor. Die Götter waren aber unsterblich und sehr mächtig.

Die Götter im alten Griechenland

Textknacker
Umschlagklappe

Die Heimat der griechischen Götter war der Olymp. Der Olymp ist ein hoher Berg in Griechenland. Sein Gipfel ist fast immer von den Wolken verdeckt. Die Griechen glaubten, dass die Götter dort leben.

Zeus war der Vater aller Götter. Wenn er zornig war, warf er Blitze auf die Erde.

Aphrodite war die Göttin der Schönheit und der Liebe. Auf dem Bild hält sie eine Rose in der Hand.

Poseidon war der Gott des Meeres. Er trug einen Dreizack.

Athena war die Göttin der Kunst. Sie war auch die Schutzgöttin der Stadt Athen. Sie trug einen Helm und einen Speer.

Ares war der Gott des Krieges. Er trug Waffen, einen Helm und einen Schild.

Artemis war die Göttin der Jagd. Sie trug Pfeil und Bogen. Oft wird sie zusammen mit Tieren dargestellt.

1 Was habt ihr über die Götter im alten Griechenland erfahren?

2 Schreibe die Namen der Götter zu dem passenden Bild.

Zeus

Athena

Ares

Poseidon
Athena
Artemis
Aphrodite
Ares
Zeus

Aphrodite

Poseidon

Artemis

3 Schreibe die Sätze zu Ende.

Zeus war der Vater aller Götter.

Athena war die Göttin der Kunst.

Das kann ich!

1 Ergänze die Sätze mit den passenden Wörtern und Zahlen.

In Griechenland gab es viele Stadtstaaten.

Man nennt sie auf Griechisch Polis.

Jede Polis hatte eine eigene Regierung.

Im Jahr 776 vor Christus fanden

die ersten Olympischen Spiele statt.

Danach fanden die Spiele alle 4 Jahre statt.

Sie dauerten 5 Tage.

→ Regierung
Stadtstaaten
Polis
Olympischen Spiele
4 Jahre
5

2 Schreibe die olympischen Sportarten unter die Bilder.
Die Wörter rechts helfen dir.

Weitsprung

Boxen

Wettlauf

→ Wettlauf
Boxen
Weitsprung

3 Diese Berufe gab es schon in einer griechischen Polis.
Schreibe sie unter die Bilder.

Fischer

Bauer

Schmied

→ Schmied
Bauer
Fischer

4 Richtig oder falsch? Kreuze an.

	richtig	falsch
Um 500 vor Christus entwickelte sich in Athen eine neue Herrschaftsform.	☒	☐
Lange Zeit regierte in Athen nur der Gott Zeus.	☐	☒
Die Athener Bürger kamen zu Volksversammlungen zusammen.	☒	☐
Alle Menschen durften an den Abstimmungen teilnehmen.	☐	☒
Nur die männlichen Bürger von Athen durften mitbestimmen.	☒	☐

5 Was bedeutet Demokratie? Kreuze an.

☐ Volkslauf ☒ Volksherrschaft ☐ Volksfest

6 Erkennst du die Götter wieder?
Schreibe unter die Bilder die Namen der Götter.

Zeus

Artemis

Ares

→ Artemis
Ares
Zeus

7 Was hat dir am Thema **Das alte Griechenland** am besten gefallen?
Schreibe auf.

____

____

____

Das Römische Weltreich

1 Sieh dir das Bild genau an.

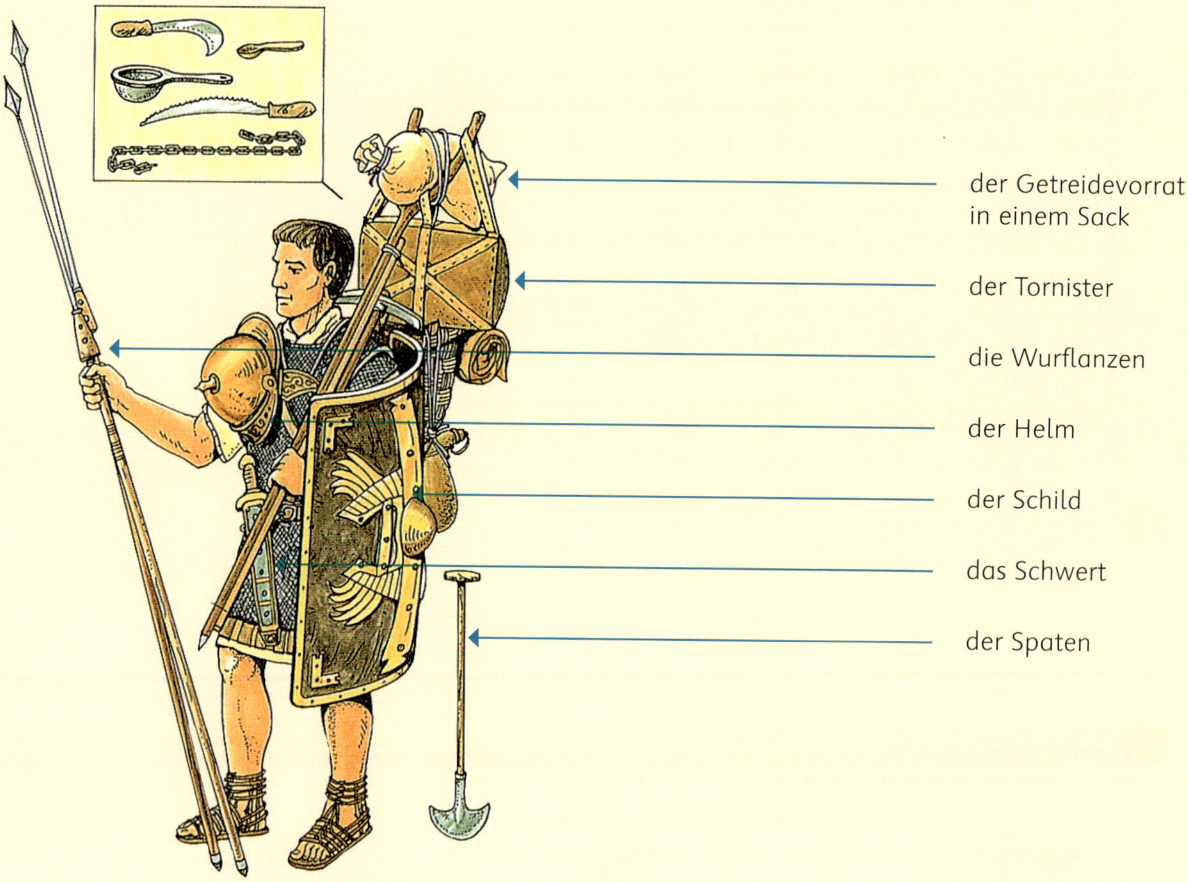

2 Wer könnte das sein?
Wie ist der Mann gekleidet? Welche Sachen hat er bei sich?

Vor mehr als 2600 Jahren wurde die Stadt Rom gegründet.
Die Römer führten viele Kriege. Sie eroberten viele Länder.
Dazu brauchten sie Soldaten.
Die römischen Soldaten nannte man Legionäre.

3 Lies die Sätze.
Ergänze die Sätze mit den passenden Wörtern.

Getreidevorrat
Wurflanzen
Helm
Schild
Schwert

Der Legionär trägt Waffen bei sich.

In der einen Hand hält er zwei Wurflanzen ____________.

Am Gürtel trägt er ein Schwert ____________.

Zu seinem Schutz dienen der Schild ____________ und

als Kopfbedeckung der Helm ____________.

Die Legionäre mussten sich unterwegs selbst versorgen.

Dazu hatten sie Getreidevorrat ____________ in einem Sack dabei.

4 Überlege: Wozu brauchten die Legionäre einen Spaten?
Schreibe deine Idee auf.

____

____

Vom Stadtstaat zum Weltreich

Um 100 nach Christus beherrschten die Römer ein großes Weltreich. Manche Länder unterwarfen sich den Römern. Dann brauchten sie nicht gegen die Römer zu kämpfen. Dafür mussten sie aber hohe Steuern an die Römer zahlen. Andere Länder kämpften gegen die Römer. Doch wenn sie den Kampf verloren, waren die Römer oft sehr grausam. Die Römer haben viele Gegner getötet oder zu Sklaven gemacht.

5 Was bedeuten die blauen Wörter?
Schlage im Lexikon nach.

→ Lexikon S. 66–72

Die Gründung der Stadt Rom – eine Sage

Die folgende Geschichte ist eine Sage.
Diese Sage erzählt von der Gründung der Stadt Rom.

1 Wende die Schritte 1 und 4 vom Textknacker an.

→ Textknacker Umschlagklappe

Romulus und Remus

Es lebte einmal am Fluss Tiber eine Königstochter. Sie bekam Zwillinge. Ein Feind der Familie wollte die Zwillinge Romulus und Remus töten. Deshalb setzte die Mutter die beiden Brüder in einem Korb auf dem Fluss Tiber aus.

Der Korb wurde ans Ufer getrieben. Eine Wölfin fand die Zwillinge. Sie säugte und beschützte sie. Ein Hirte fand die beiden und zog sie auf.

Romulus und Remus wurden erwachsen. Sie gingen zu der Stelle, an der sie damals ausgesetzt wurden. Hier wollten sie eine Stadt gründen. Romulus baute einen Grenzwall und sagte: „Ich werde jeden töten, der diese Grenze ohne meine Erlaubnis überschreitet."

Remus sprang über den Grenzwall und ärgerte so seinen Bruder. Romulus erschlug seinen Bruder Remus und sagte: „So soll es jedem ergehen, der meine Mauern übersteigt." Romulus gab der Stadt den Namen Rom.

Dies soll im Jahr 753 vor Christus geschehen sein.

„753 – Rom schlüpft aus dem Ei."

2 Erzählt die Sage über die Gründung der Stadt Rom nach.

Die Entstehung der Stadt Rom

Wie entstand die Stadt Rom wirklich?

Um das Jahr 1000 vor Christus ließen sich Hirten und Bauern am Fluss Tiber nieder. Hier gab es eine Stelle, wo der Fluss nicht so tief war. Man konnte den Fluss deshalb leicht überqueren. Außerdem war das Land in dieser Gegend sehr fruchtbar. So entstanden dort erste Siedlungen. Aus diesen Siedlungen wuchs schließlich die Stadt Rom.

So sah die Stadt Rom um das Jahr 300 nach Christus aus:

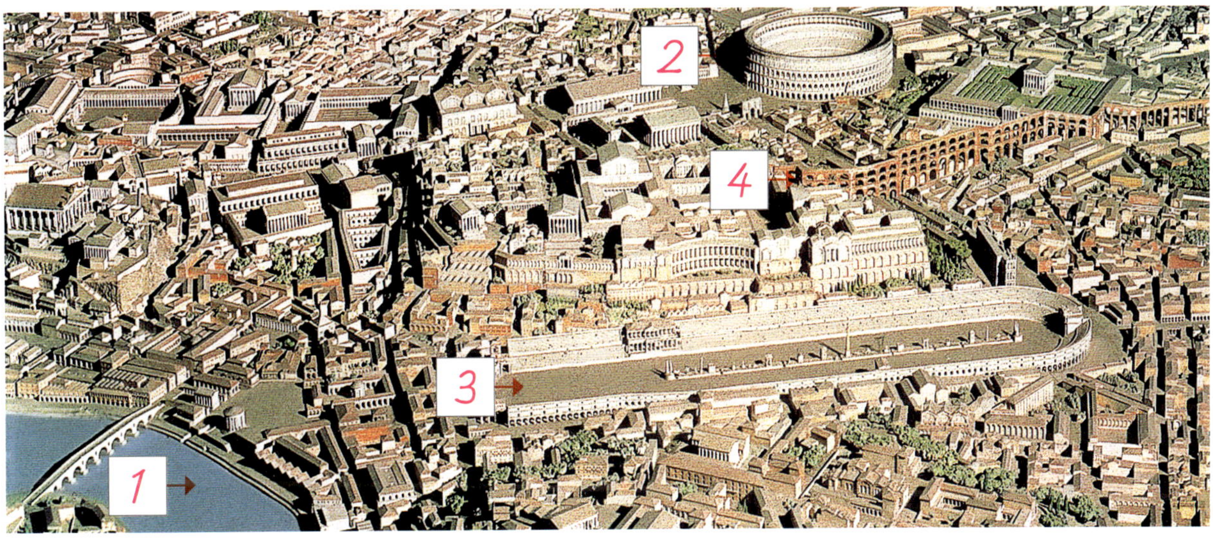

Um das Jahr 100 nach Christus hatte sich Rom zu einer sehr großen Stadt entwickelt. Große und bekannte Bauwerke sind entstanden. Das Kolosseum ist ein rundes Gebäude. Hier kämpften damals die Gladiatoren gegeneinander. Im Circus Maximus fanden Wagenrennen statt. Er ist 120 Meter breit und 600 Meter lang. Über das Aquädukt wurde Rom mit Wasser versorgt.

3 Was bedeuten diese Wörter? Schlage im Lexikon nach.

→ Lexikon S. 66–72

Aquädukt
Circus Maximus
Gladiator
Kolosseum

4 Schreibe die Zahlen an die passenden Stellen im Bild.

① der Fluss Tiber
② das Kolosseum
③ der Circus Maximus
④ das Aquädukt

Eine Geschichtskarte lesen

Handel im Römischen Weltreich

Um 100 nach Christus beherrschte Rom ein riesiges Weltreich rund um das gesamte Mittelmeer.

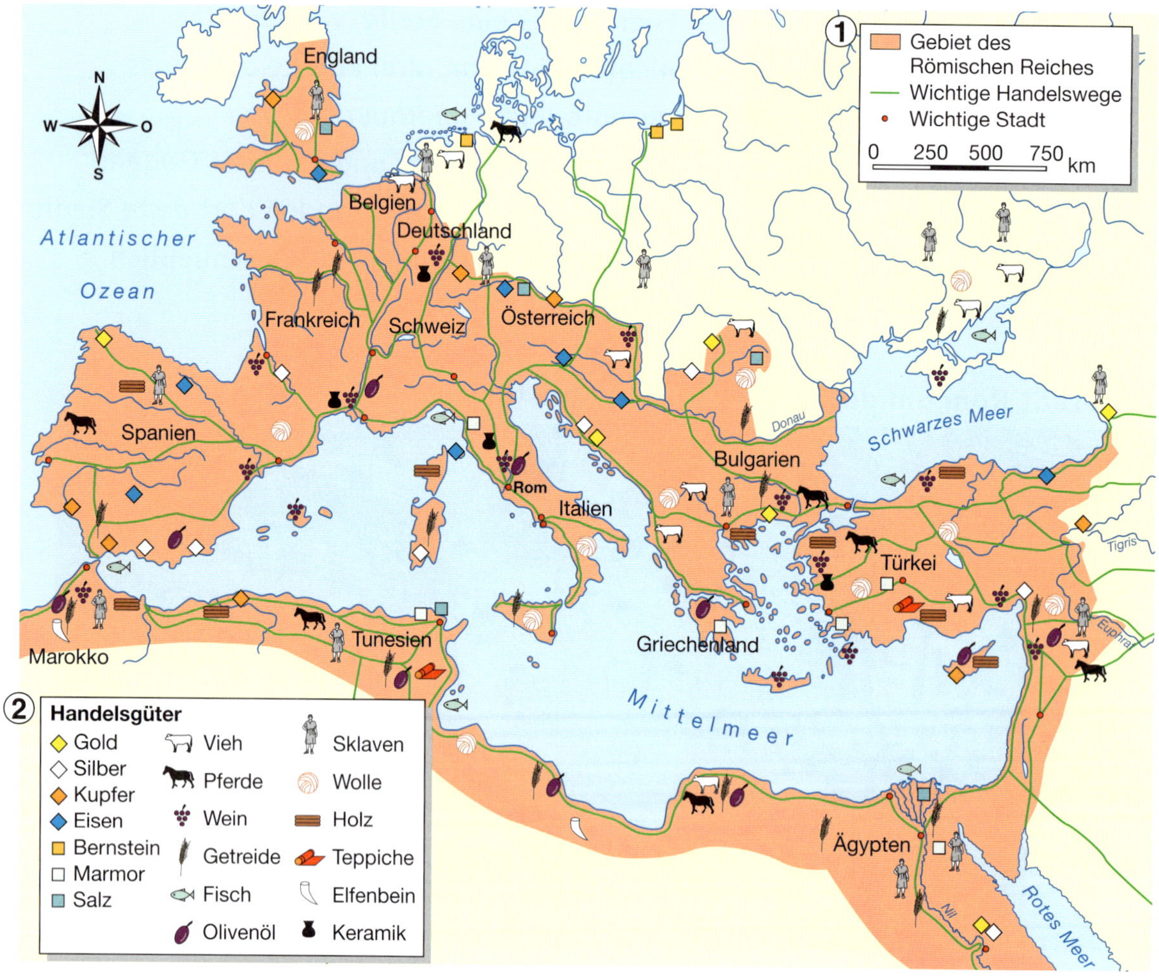

1 Sieh dir die Karte genau an.
Lies dazu die Legende ①.

2 a) Was bedeutet diese Farbe?

Gebiet des Römischen Reiches

b) Was bedeutet diese Linie?

Wichtige Handelswege

3 Suche auf der Karte die Stadt Rom.
Wie viele Handelswege treffen sich in Rom?

Eine Geschichtskarte lesen

Auf der Geschichtskarte sehen wir, welche Handelsgüter aus welchen Ländern nach Rom kamen.

4 Sieh dir die Karte genau an.
Lies dazu die Legende ②.

5 Trage in die Tabelle noch 5 andere Länder ein, die zum Römischen Weltreich gehörten.

6 Welche Handelsgüter haben diese Länder?
Trage ein.

Land	Handelsgüter
Spanien	Pferde, Holz, Eisen
Ägypten	Getreide, Salz, Marmor, Gold, Silber
Türkei	Vieh, Pferde, Wein, Holz, Teppiche, Keramik
England	Sklaven, Wolle, Eisen, Salz
Frankreich	Getreide, Wein, Keramik, Olivenöl
Italien	Keramik, Wein, Olivenöl, Eisen
Griechenland	Holz, Wein, Olivenöl, Vieh, Marmor

7 Wähle ein Handelsgut aus und verfolge seinen Weg auf der Karte nach Rom:
- ein Pferd aus Spanien,
- ein Teppich aus der Türkei.

Ein Weltreich mit Grenzen

Römer und Germanen

Das heutige Deutschland nannte man früher Germanien. Ein Teil von Germanien gehörte zum Römischen Weltreich. Die Römer versuchten, ganz Germanien zu erobern. Aber die Germanen töteten viele römische Soldaten. Darum gaben die Römer ihren Plan auf. Sie bauten eine Grenze zwischen ihrem Gebiet und dem freien Germanien. Diese Grenze nennt man Limes.

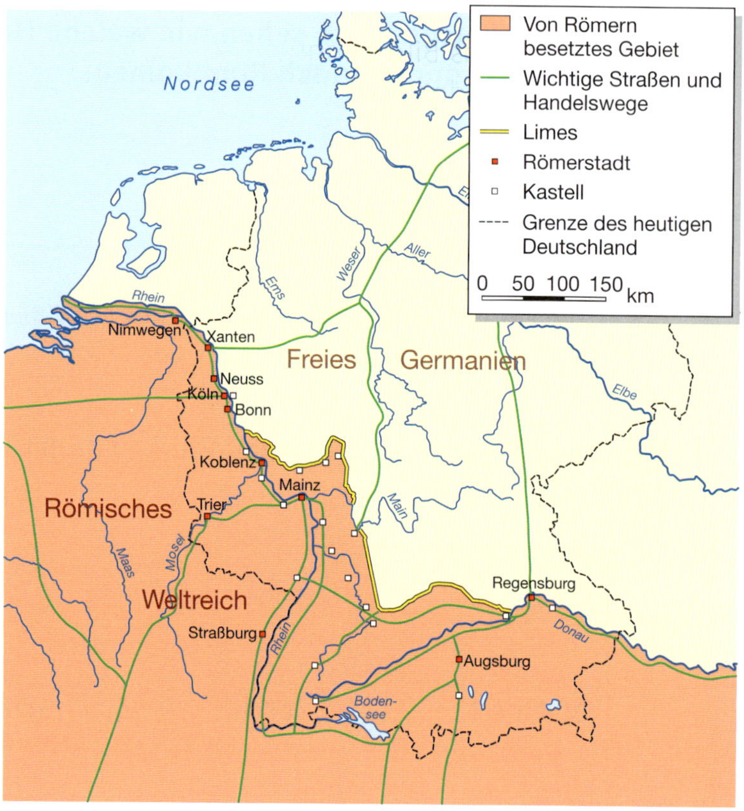

Der Limes bestand aus Holzpalisaden und später sogar aus einer Steinmauer mit Wachtürmen. Er war viele Kilometer lang. Am Limes gab es römische Soldaten in Lagern. Sie schützten das römische Gebiet vor den Germanen. Aus manchen Soldatenlagern wurden mit der Zeit sogar Städte. Einige dieser Städte gibt es heute noch: Köln, Mainz, Augsburg oder Regensburg. Der Limes sicherte für lange Zeit den Frieden. Römer und Germanen konnten dort Waren kaufen und verkaufen.

1 Sieh dir die Karte genau an.
Fahre mit dem Finger die Linie vom Limes nach.

2 Nenne 5 Städte, die an der Grenzlinie liegen.

3 Welche zwei Flüsse fließen direkt an der Grenze entlang?

Rhein — Donau

Ein Weltreich mit Grenzen

4 Sieh dir das Bild genau an.
Beschrifte das Bild mit passenden Wörtern.

➔ römisches Lager
Limes
Wachturm
römische Soldaten
römische Händler
germanische Händler
römisches Gebiet
freies Germanien
Rhein

Auf den Spuren der Römer

Die Römer haben in Deutschland viele Spuren hinterlassen.

Diese Bilder zeigen Sachquellen, die uns über die Zeit der Römer Auskunft geben können.

1 Sieh dir die Bilder genau an.
Welche Sachquellen erkennst du?

alte römische Münzen

alte römische Straße

Gegenstände aus Glas

→ alte römische Münzen
alte römische Straße
Gegenstände aus Glas ...

2 Findet heraus!

a) Wo liegt euer Wohnort?
- Liegt der Ort in dem ehemaligen Gebiet des Römischen Reiches?
- Liegt der Ort in dem ehemaligen Gebiet des freien Germaniens?

b) Gibt es römische Spuren in eurem Wohnort?

3 Wo könnt ihr euch erkundigen?

a) Nennt verschiedene Möglichkeiten.
b) Sucht nach Informationen.

→ im Rathaus
im Heimatmuseum
in der Bücherei
im Internet

Auf den Spuren der Römer

Sprichst du Latein?

→ Textknacker Umschlagklappe

Überall im Römischen Weltreich trieben die Menschen Handel. Sie verkauften Waren, die sie im eigenen Land selbst herstellten. Sie kauften Waren, die Menschen in anderen Ländern herstellten. Beim Handel breitete sich die Sprache der Römer aus: Latein. Auch die Germanen handelten mit den Römern. Dabei lernten sie die lateinische Sprache kennen. Viele Wörter, die wir heute benutzen, kommen aus der lateinischen Sprache. Oft wissen wir das gar nicht mehr.

4 Trage die lateinischen Wörter in die Kästen ein:

→ vinum, speculum, murus, strata, fenestra, moneta, carrus, oleum, caseus, cista, corbis, saccus

Mauer

murus

Kiste

cista

Karre/Wagen

carrus

Spiegel

speculum

Sack

saccus

Moneten/Geld

moneta

Straße
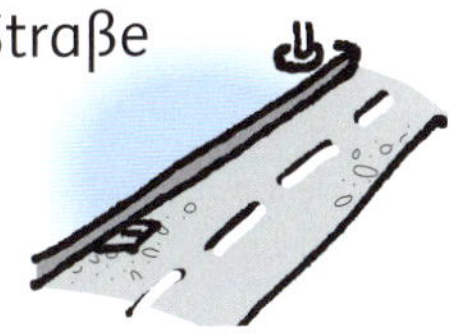
strata

Öl

oleum

Wein

vinum

Fenster

fenestra

Käse

caseus

Korb
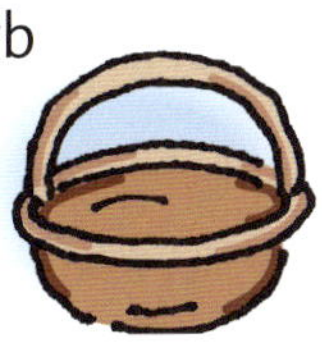
corbis

Das kann ich!

1 Richtig oder falsch? Kreuze an.

	richtig	falsch
Über die Gründung der Stadt Rom gibt es eine Sage.	☒	☐
Die Zwillinge Romulus und Remus haben einen Wolf getötet.	☐	☒
Romulus und Remus wurden von einer Wölfin beschützt und ernährt.	☒	☐
Die beiden Brüder wollten eine Stadt gründen.	☒	☐
Remus erschlug seinen Bruder Romulus.	☐	☒
Romulus gab der Stadt den Namen Rom.	☒	☐

2 Lies die Sätze.
Ergänze die Sätze mit den passenden Wörtern und Zahlen.

Um das Jahr *1000 vor Christus* ließen sich Hirten und Bauern am *Fluss Tiber* nieder.
An dieser Stelle konnte man den Fluss leicht *überqueren*.
Dort entstanden die ersten *Siedlungen*.
Um das Jahr *100 nach Christus* entwickelte sich Rom zu einer sehr großen Stadt. Ein großes, rundes Bauwerk in Rom ist sehr bekannt. Es heißt: *Kolosseum*.

→ Fluss Tiber
überqueren
1000 vor Christus
100 nach Christus
Siedlungen
Kolosseum

3 Was gehört zusammen?

a) Schlage im Lexikon nach.
b) Verbinde die Wörter mit den passenden Erklärungen.

→ Lexikon S. 66–72

Limes	So nennt man die römischen Soldaten.
Legionär	eine Grenzanlage entlang der Grenze des Römischen Reiches mit Schutzmauer und Wachtürmen
Gladiator	Rom wurde über diese hoch gebaute Wasserleitung mit Wasser versorgt.
Aquädukt	ein Kämpfer, der in der Arena auf Leben und Tod kämpft

4 Was bedeuten diese Wörter auf Deutsch?

fenestra

Fenster

murus

Mauer

strata

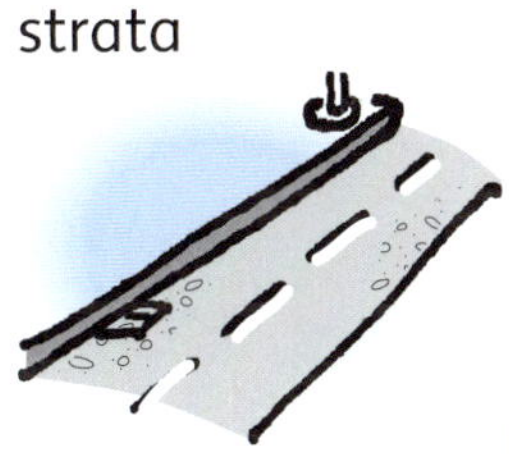

Straße

5 Was hat dich am Thema **Römisches Weltreich** am meisten interessiert? Schreibe auf.

Lexikon

der Ackerbauer, die Ackerbauern	Das Wort Acker bedeutet Feld. Ein Ackerbauer ist ein Mensch, der ein Stück Feld bearbeitet. Er sät und erntet auf dem Acker, um von den Früchten zu leben.
der Adel	Zum Adel gehörten früher einzelne Familien, deren Mitglieder über Macht und Reichtum verfügten. Sie heirateten oft nur Mitglieder anderer Adelsfamilien. Wenn jemand durch Arbeit oder Handel zu Reichtum kam, blieb er trotzdem von diesen Familien ausgeschlossen.
Ägypten	Ägypten ist ein Land im Nordosten von Afrika. Das Land besteht zum größten Teil aus Wüste. So können Menschen dort nur in einem schmalen Streifen Land an den Ufern des Flusses Nil leben.
das Altertum	Die Zeit der Griechen und Römer nennen wir Altertum. Das war vor etwa 3000 bis 1500 Jahren.
die Altsteinzeit	Die Zeit, in der die Menschen auf der Suche nach Nahrung als Jäger und Sammlerinnen umherzogen, nennen wir Altsteinzeit.
Aquädukt	Das Wort aqua kommt aus der lateinischen Sprache und bedeutet Wasser. Aquädukt bezeichnet die Wasserleitung der Römer. Diese hoch gebauten, großen Bauwerke versorgten die römischen Städte mit Wasser aus den Gebirgen.
der Athlet, die Athleten	Ein Athlet ist ein Sportler und Wettkämpfer. Im alten Griechenland nahmen die Athleten an den Olympischen Spielen teil.
der Beamte, die Beamten	Ein Beamter arbeitet im Auftrag der Regierung eines Staates und führt bestimmte Aufgaben aus.
der Bergmann, die Bergmänner	Bergmann ist ein Beruf. Der Bergmann fördert aus der Erde Rohstoffe wie Kohle oder Erz zu Tage. Er arbeitet in Bergwerken oder im Tagebau.
die Bildquelle, die Bildquellen	Bilder, auf denen wir etwas über das Leben der Menschen in früheren Zeiten erfahren, nennen wir Bildquellen.

die Bronze	Bronze ist ein Metall, das aus Kupfer und Zinn gemischt ist.
die Bronzezeit	In der Bronzezeit haben die Menschen gelernt, Bronze herzustellen. Aus Bronze fertigten sie Werkzeuge, Waffen und andere Gegenstände an. Das war in Deutschland vor ungefähr 4000 Jahren.
das Christentum	Das Christentum ist eine Religion, die auf Jesus Christus zurückgeht. Die meisten Menschen in Deutschland sind Christen.
Circus Maximus	Eine große, lange Arena in Rom. Hier fanden Wagenrennen und weitere Wettkämpfe statt. Er war 600 Meter lang und 120 Meter breit.
die Demokratie	Demokratie kommt aus der griechischen Sprache und bedeutet Volksherrschaft. In einer Demokratie bestimmen die Angehörigen des Volkes die Politik. Das geschieht durch Wahlen und Abstimmungen.
die Eisenzeit	In der Eisenzeit haben die Menschen gelernt, Eisen herzustellen. Aus Eisen fertigten sie Werkzeuge, Waffen und andere Gegenstände an. Das war in Deutschland vor ungefähr 2500 Jahren.
die Familie, die Familien	In einer Familie leben Menschen zusammen, die miteinander verwandt oder verheiratet sind. Wir unterscheiden zwischen **Kleinfamilien** und **Großfamilien**. Kleinfamilien leben bei uns in einem Haushalt zusammen. Meistens sind es Eltern mit ihren Kindern. Zur Großfamilie gehören auch die übrigen Verwandten. In anderen Ländern leben häufig auch Großfamilien in einem Haushalt zusammen.
die Familiengeschichte, die Familiengeschichten	Familiengeschichte nennen wir das, was die Mitglieder einer Familie aus ihrer Vergangenheit berichten können.
die Frühgeschichte	Frühgeschichte nennen wir die Zeit, zu der die Menschen bereits die Schrift erfunden hatten. In Ägypten wurden zu dieser Zeit die Pyramiden erbaut. Das war vor ungefähr 4500 Jahren.

der Germane, die Germanin, die Germanen	Die Germanen waren ein Volk, das vor 2000 Jahren an der Grenze des Römischen Weltreichs lebte, vor allem im Gebiet des heutigen Deutschland. Sie lebten von der Landwirtschaft.
Geschichte	Geschichte ist ein Schulfach. Es beschäftigt sich mit dem, was wir über die Vergangenheit der Menschen und ihr Zusammenleben wissen und berichten können.
der Gladiator, die Gladiatoren	Wettkämpfer, die in einer Arena vor Zuschauern auf Leben und Tod gegeneinander kämpften, nennen wir Gladiatoren. Sie waren oft Sklaven oder Kriegsgefangene.
Griechenland	Griechenland ist ein Land im Südosten Europas. Es ist überwiegend gebirgig und besteht aus vielen kleinen Inseln und Halbinseln im Mittelmeer.
die Großeltern	Großeltern nennen wir die Eltern von Mutter oder Vater. Die meisten Kinder sagen Oma und Opa zu ihnen.
Hieroglyphen	So nennen wir die Schriftzeichen der alten Ägypter.
das Interview, die Interviews	Ein Interview ist ein Gespräch mit einer Person. Die Person wird über ein bestimmtes Thema befragt. Das Gespräch kann schriftlich oder als Tonaufnahme oder Videoaufnahme festgehalten werden.
der Islam	Der Islam ist eine Religion, die auf den Propheten Mohammed zurückgeht. Die Anhänger des Islam heißen Muslime. In Deutschland leben viele Muslime.
die Jungsteinzeit	Die Zeit, in der die Menschen als Ackerbauern und Viehzüchter sesshaft geworden waren und in Häusern wohnten, nennen wir Jungsteinzeit. Sie begann vor ungefähr 9000 Jahren.
das Kolosseum	Das Kolosseum ist ein sehr großes, rundes Bauwerk in Rom. Es wurde um 80 nach Christus erbaut. Hier fanden Gladiatorenkämpfe und andere große Veranstaltungen statt. Seine Ruinen kann man bis heute besichtigen. Das Kolosseum ist ein Wahrzeichen der Stadt Rom.

die Legende, die Legenden	Die Zeichenerklärung für Karten und Pläne nennen wir Legende.
der Legionär, die Legionäre	So nannte man die römischen Soldaten. Die Legionäre haben in großen Feldzügen viele Länder erobert. Sie bewachten auch die Grenzen des Römischen Weltreiches.
der Limes	An den Grenzen des Römischen Weltreiches gab es häufig Konflikte mit den Nachbarvölkern. Um sich gegen Angriffe zu schützen, stationierten die Römer Soldaten in Lagern an der Grenze, bauten dort Wachtürme und lange Mauern. Diese Einrichtungen an der Grenze nennen wir Limes.
der Maßstab, die Maßstäbe	Auf Karten und Plänen sind alle Dinge stark verkleinert dargestellt. Die Angabe, welche Größe die Dinge in der Wirklichkeit haben, nennen wir Maßstab. Der Maßstab kann auch ähnlich wie ein kleines Lineal neben der Karte aufgezeichnet sein.
das Metall, die Metalle	Metall kann man durch Erhitzen schmelzen oder verformen. Nach dem Abkühlen wird es wieder hart und behält seine Form. Metall gewinnt man aus Erz. Wichtige Metalle sind Eisen, Kupfer, Zinn, Blei, Gold, Silber und Aluminium.
das Mittelalter	Mittelalter nennen wir die Zeit zwischen Altertum und Neuzeit. Das war vor ungefähr 1500 bis 500 Jahren. Es war die Zeit der Ritter und Burgen.
die Neuzeit	Die Zeit vom Mittelalter bis zur Gegenwart nennen wir Neuzeit. Sie begann vor ungefähr 500 Jahren.
der Nil	Der Nil ist ein Fluss in Afrika und mit 6600 km der längste Fluss der Welt.
der Nomade, die Nomaden	Menschen, die auf der Suche nach Nahrung umherziehen, nennen wir Nomaden.
die Olympischen Spiele	Die Olympischen Spiele sind ein sportlicher Wettkampf, der im alten Griechenland zu Ehren der Götter veranstaltet wurde. Seit über hundert Jahren werden Olympische Spiele alle vier Jahre in einem anderen Land der Erde ausgetragen.

der Pharao, die Pharaonen	Die Könige im alten Ägypten werden Pharao genannt. Der Pharao war gleichzeitig König und Gott.
die Polis	Polis nennen wir einen Stadtstaat im alten Griechenland.
Politik	Politik ist auch ein Schulfach. Es beschäftigt sich damit, wie das Zusammenleben der Menschen im Alltag oder auch in Staaten geregelt ist.
die Pyramide, die Pyramiden	Riesige Bauten der Pharaonen in Ägypten haben die Form einer Pyramide. Es sind steinerne Bauwerke auf quadratischer Grundfläche mit 4 Seitenflächen, die zu einer Spitze zusammenlaufen. In den Pyramiden wurden die verstorbenen Könige bestattet.
die Quelle, die Quellen	Alles, wodurch wir etwas über die Vergangenheit erfahren können, nennen wir Quelle.
das Recht, die Rechte	Ein Recht ist ein Anspruch, der uns von niemandem weggenommen werden darf. Wenn jemand in einem Recht verletzt worden ist, kann er dagegen den Staat zu Hilfe rufen. Es gibt Rechte, die jedem Menschen zustehen. Das sind die **Grundrechte**. Sie sind im **Grundgesetz** aufgeschrieben.
die Religion, die Religionen	Religion nennen wir den Glauben oder das Glaubensbekenntnis der Menschen. Religion beschäftigt sich mit den folgenden Fragen: Wie ist die Welt entstanden? Was ist der Sinn des Lebens? Wie wird man ein guter Mensch? Was kommt nach dem Tod? Es gibt verschiedene Religionen, die unterschiedliche Antworten auf diese Fragen geben. In Deutschland sind die wichtigsten Religionen das Christentum, das Judentum und der Islam.
Rom	Rom ist eine Stadt in Italien. Vor 2000 Jahren war Rom die Hauptstadt eines Weltreiches. Seit 1870 ist Rom die Hauptstadt von Italien.

die Sachquelle, die Sachquellen	Gegenstände, die aus der Vergangenheit übrig geblieben sind und durch die wir etwas über die Vergangenheit erfahren können, sind Sachquellen.
die Sage, die Sagen	Eine Sage ist eine alte Geschichte. Sie wurden in früheren Zeiten **nur mündlich** erzählt. Erst später wurden die Sagen aufgeschrieben. Was in einer Sage erzählt wird, ist nicht immer wahr. Aber die Menschen damals glaubten daran. Es gibt **historische Sagen**. Sie erzählen von einer bestimmten **Person**, einem **Ereignis** oder von einem besonderen **Ort**. Die Gründungsgeschichte der Stadt Rom ist eine historische Sage.
die Schriftquelle, die Schriftquellen	Alte Bücher oder Briefe, in denen etwas über das Leben der Menschen in früheren Zeiten geschrieben steht, nennen wir Schriftquellen.
der Sklave, die Sklavin	Ein Sklave ist ein Mensch, der seiner persönlichen Freiheit beraubt ist. Ein Sklave wird als Sache behandelt und als Eigentum eines anderen Menschen angesehen. Sklaverei gab es bis zum 19. Jahrhundert in vielen Ländern. Inzwischen ist die Sklaverei auf der ganzen Welt verboten und wird als Verbrechen verfolgt. Trotzdem kommt es immer wieder vor, dass in Not geratene Menschen wie Sklaven behandelt werden.
der Stadtstaat, die Stadtstaaten	Ein Stadtstaat ist ein Staat, der aus einer einzelnen Stadt und dem dazugehörenden Land besteht. Siehe dazu → **Polis**.
die Steinzeit	In der Steinzeit stellten die Menschen **Werkzeuge** und **Waffen** aus Stein her. Die Steinzeit endete in Deutschland vor ungefähr 4000 Jahren.
die Steuer, die Steuern	Steuer nennen wir das Geld, das man zahlen muss, damit der Staat seine Ausgaben finanzieren kann. Die wichtigste Steuer ist die Lohnsteuer, zu der jeder einen Teil seines Gehalts zahlen muss. Andere Steuern müssen gezahlt werden, wenn man bestimmte Waren kauft.
der Tiber	Der Tiber ist ein Fluss in Italien.

der Tornister	Der Tornister ist eine Art Rucksack. Er wird von Soldaten benutzt. Die Soldaten trugen früher alles mit, was sie im Feldzug brauchten: Nahrung, Kleidung, Geräte.
die Urgroßeltern	Die Urgroßeltern sind die Eltern der Großeltern. Man nennt sie Urgroßvater und Urgroßmutter.
der Urmensch, **die Urmenschen**	Urmenschen nennen wir die ersten **Menschen**. Sie lebten vor etwa 4 Millionen Jahren.
die Urzeit	Die Zeit, zu der es noch keine Menschen gab, nennen wir Urzeit. Damals lebten zum Beispiel die Dinosaurier. Das ist viele Millionen Jahre her.
der Viehzüchter, **die Viehzüchter**	Viehzüchter halten Nutztiere. Die Tiere werden gefüttert und gepflegt. Viehzüchter können die Nutztiere melken oder schlachten. So entstehen die tierischen Produkte: Milch und Fleisch.
die Vorgeschichte	Vorgeschichte nennen wir die Zeit der frühen Menschen, die noch keine Schrift kannten.
das Wappen, **die Wappen**	Länder, Städte, Gemeinden und wichtige Einrichtungen haben ein Wappen. Es ist ein Symbol. Man kann daran erkennen, dass ein Gegenstand oder ein Gebäude etwas mit dem Land oder der Stadt zu tun hat. Es gibt auch Familien, die ein Wappen führen. Häufig gehören diese Familien zum Adel.
das Weltreich, **die Weltreiche**	Wenn ein Staat zu großer Macht gelangt, kann es dazu kommen, dass er viele Länder der Welt beherrscht oder durch seine Macht starken Einfluss auf sie ausübt. So einen Staat bezeichnen wir dann als Weltreich.
der Wesir, **die Wesire**	Die obersten Beamten im alten Ägypten werden Wesir genannt.
der Zeitzeuge, **die Zeitzeugen**	Menschen, die über vergangene Zeiten aus eigener Erinnerung und Erfahrung berichten können, nennen wir Zeitzeugen.